Matthaus Heuperger

Das Wiener Heiligtumbuch

nach der Ausg. vom Jahre 1502, sammt den Nachträgen von 1514

Matthaus Heuperger

Das Wiener Heiligtumbuch
nach der Ausg. vom Jahre 1502, sammt den Nachträgen von 1514

ISBN/EAN: 9783744658676

Hergestellt in Europa, USA, Kanada, Australien, Japan

Cover: Foto ©Andreas Hilbeck / pixelio.de

Weitere Bücher finden Sie auf **www.hansebooks.com**

DAS
WIENER HEILIGTHUMBUCH.

NACH DER AUSGABE VOM JAHRE 1502

SAMMT DEN

NACHTRÄGEN VON 1514

MIT UNTERSTÜTZUNG DES K. K. HANDELSMINISTERIUMS

HERAUSGEGEBEN VOM

K. K. ÖSTERR. MUSEUM FÜR KUNST UND INDUSTRIE.

DER REINERTRAG IST DEM WIENER DOMBAUVEREINE GEWIDMET.

WIEN 1882.
GEROLD & COMP.

Facſimile-Reproduction und Druck der k. k. Hof- und Staatsdruckerei.

Bereits feit dem frühen Mittelalter war es in der katholifchen Kirche Gebrauch, die Reliquien der Heiligen und Märtyrer an beftimmten Fefttagen der kirchlichen Gemeinde vorzuzeigen oder zur Verehrung auszuftellen. Diefe Vorzeigung gefchah mit grofsem Gepränge in einzelnen Gängen oder Prozeffionen unter Abfingung von geiftlichen Liedern und Verkündigung der durch Verehrung der Heiligthümer zu gewinnenden Abläffe in den Kirchen vom hohen Chore, oft auch von eigens zu diefem Zwecke errichteten Tribünen herab, bei zu grofser Anfammlung der Volksmenge aber aufserhalb der Kirche, entweder von den Thürmen, wie in Aachen und Würzburg, oder von befonderen Gebäuden, den fogenannten „Heiligthumftühlen", wie in Nürnberg und Wien. Aus dem Zufammenftrömen der Wallfahrer an Orten, wo fich der Heiligthümer viele vereint fanden, entftanden die *„Heilthumsfahrten"* und bald nach der Erfindung der Buchdruckerkunft durch den Wetteifer der einzelnen Kirchen und Städte, gedruckte Verzeichniffe ihrer Heiligthümer zu veröffentlichen, die *„Heiligthumbücher"*, deren eine ziemliche Anzahl in deutfchen Landen erfchien. Da feit 1215 die Reliquien nur *gefafst,* alfo in Monftranzen, Reliquienkäftchen u. dgl., dem Volke vorgezeigt werden durften, fchuf in Folge des fich unausgefetzt fteigernden Reliquiencultus das Kunfthandwerk eine grofse Menge von Reliquienbehältniffen in mannigfacher Form und Gröfse und aus dem verfchiedenartigften Materiale. Die zumeift illuftrirten Heiligthumbücher beanfpruchen daher unfer doppeltes Intereffe, denn fie legen nicht nur Zeugnifs ab von dem Kunftvermögen der verfchiedenen Epochen, fondern fie geben uns auch einen Einblick in den Formenreichthum der kirchlichen Gefäfse und Geräthfchaften und bieten der heutigen Kunftinduftrie die fchätzbarften Vorbilder für das Gebiet der kirchlichen Kunft.

In der Reihe diefer Heiligthumbücher fteht obenan dasjenige vom heiligen Berge zu *Andechs* in Bayern, gedruckt zu Augsburg, o. J., 1473 und um 1500, zu Weffobrunn 1505, zu München 1595, 1602 und 1797.

Diefem fchliefsen fich an die Heiligthumbücher von *St. Georgenberg* in Tirol, gedruckt zu Augsburg 1480; *Augsburg*, gedruckt dafelbft 1483, 1625, 1630, 1653 und 1712;[1] *Würzburg*, gedruckt zu Nürnberg 1483 und 1485; *Nürnberg*, gedruckt dafelbft 1487 und 1493; *Köln*, gedruckt dafelbft 1492, 1505, 1509 und 1511, wozu noch ein von dem Schatzhüter des Kölner Domes, P. SCHONEMANN 1671 herausgegebenes Reliquienverzeichnifs mit kleinen Abbildungen in Kupferftich auf einem Doppelfolio-Blatte gehört.

Den vorgenannten ftehen zunächft die Heiligthumbücher von *Bamberg*, gedruckt dafelbft 1493 und 1509; *Wien*, gedruckt dafelbft 1502, mit Nachträgen von 1514; *Magdeburg*, gedruckt dafelbft, o. J.; *Wittenberg*, gedruckt dafelbft 1509 und mit dem Hallefchen zufammen 1618; *Trier*, gedruckt zu Metz 1514, neuerdings abgedruckt zu Regensburg 1845, aufserdem eine Reihe von mit Abbildungen verfehenen Schriften aus den Jahren 1512—1513 über den wiederaufgefundenen „Rock Chrifti" und fchliefslich das Heiligthumbuch von *Halle*, gedruckt dafelbft 1520 und mit dem Wittenberger zufammen Wittenberg 1618, neuerlich abgedruckt bei Dreyhaupt, Befchreibung des Saal-Kreifes, Bd. I und in Naumann's Archiv für die zeichnenden Künfte, I. Band.

Aachen, wo von dem Thurme des Liebfrauen-Münfters herab noch jetzt von fieben zu fieben Jahren die andernorts längft nicht mehr begangene feftliche Vorzeigung der Reliquien ftattfindet, befitzt zwar kein Heiligthumbuch aus älterer Zeit, doch finden fich in Noppius Aacher Chronik, Cöln 1632, auf einer von W. HOLLAR radirten Platte in 29 numerirten Abtheilungen die Aachener Heiligthümer dargeftellt (Parthey 230). 1818 erfchien: „Schatzkammer des Aachener Heiligthums". Zur Erinnerung an die Heiligthumsfahrt von 1853 hat SCHERVIER den Reliquienfchatz des Liebfrauenmünfters befchrieben und mit zahlreichen Abbildungen herausgegeben, desgleichen BOCK 1860 und 1867, fowie KESSEL als Feftfchrift zur Heiligthumsfahrt von 1874.[2]

---

[1] Das Augsburger Heiligthum illuftriren aufserdem noch zwei Holzfchnitte in Folio von circa 1480—1490, abgedruckt in: „Die Holzfchnitte des 14. und 15. Jahrhunderts im Germanifchen Mufeum" Taf. CXVI—CXIX.

[2] RULAND: Über die „Heilthumbfahrten" der Vorzeit in „Chilianeum", II. Band; FALK: Die Druckkunft im Dienfte der Kirche und OTTE: Handbuch der kirchlichen Kunft-Archäologie, 4. Auflage, pag. 142; — über die Reliquien, deren Aufbewahrung und Vorzeigung fiehe: Ornatus ecclesiafticus, mit deutfcher Ueberfetzung herausgegeben von J. MÜLLER 1591, Cap. XXXVI—XXXVIII; JAKOB: Die Kunft im Dienfte der Kirche, §. 45, fowie NEUMANN: Zur Form der Reliquiare, in den Mittheilungen der k. k. Central-Commiffion, Band XIII, pag. CXV und WEISS: Ueber Reliquienfchreine, ebenda, I. Band, pag. 77.

Das *Heiligthumbuch des St. Stephansdomes zu Wien* ift das *achte* in der Zahl der vorftehenden Heiligthumbücher. Als Herausgeber wird in der Schlufsfchrift desfelben der Wiener Bürger und Rathsherr Matthäus HEUPERGER genannt. Das Gefchlecht der Heuperger ftammte aus Tirol und war dort in Hall und Pankirchen begütert. Matthäus Heuperger liefs fich in Wien nieder, wo er das Haus „zum goldenen Hirfchen" in der heutigen Rothenthurmftrafse neu erbaute. Nach einer kinderlofen Ehe mit der Wiener Bürgerstochter Martha Kiefsling, verwitweten Ammon, vermählte er fich zum zweiten Male mit Anna Parth, der Tochter eines alten Münchener Patrizierhaufes, welcher Ehe ein Sohn und drei Töchter entftammten, deren eine, Martha, 1522 den Rath Ferdinands I. und Kanzler von Niederöfterreich Marcus Beck von Leopoldsdorf heiratete. Sein Sohn Leopold war Ferdinands I. Hofkammerdiener, dann Hofzahlmeifter, Schatzmeifter und Burggraf zu Wien und überdiefs ein eifriger Kunftfammler; er befafs eine von Wolfgang Lazius geordnete grofse Sammlung von Antiquitäten, befonders römifchen Münzen. Matthäus Heuperger war ein fehr religiöfer Mann und wie LAZIUS fagt „wegen feines chriftlichen Eifers zu Wien fehr berühmt", er wird aber auch ein wahrer Freund der Wiffenfchaften und Künfte genannt. Im Jahre 1505 reifte er mit drei anderen Wiener Bürgern nach Rom, um fich von Papft Julius II. die Beftätigungs-Bulle und Abläffe für die wiederhergeftellte Frohnleichnams-Bruderfchaft bei St. Stephan zu erwirken. Er ftarb 1515 und fand in der (1781 demolirten) St. Erasmus- (Magdalenen-) Kapelle auf dem Stephansfreithofe vor dem Altare feine Ruheftätte.[1]

Zur Drucklegung des Heiligthumbuches bediente fich Matthäus Heuperger feines Mitbürgers Johann WINTERBURGER, des *erften* Buchdruckers, deffen Name auf den Erzeugniffen der Wiener Preffen erfcheint. Gebürtig von Winterburg unweit Kreuznach in der ehemaligen Graffchaft Sponheim, hatte Winterburger die Buchdruckerkunft wahrfcheinlich in Mainz erlernt, denn er rühmt in der Schlufsfchrift zu des

---

[1] Ueber die Familie der Heuperger fiehe: LAZIUS: Wienerifche Chronik, Wien 1619, 4. Buch, pag. 24; — DENIS: Wiens Buchdruckergefchichte, I., pag. 16; — WISSGRILL: Schauplatz des landfäffigen Niederöfterreichifchen Adels, IV., pag. 324; — Die Familien-Chronik der Beck von Leopoldsdorf, herausgegeben von ZEIBIG im Archiv für Kunde öfterreichifcher Gefchichtsquellen, VIII. Band, ausführlich befprochen von LIND in den Blättern des Vereins für Landeskunde von Niederöfterreich, Neue Folge, IX—XI. Band; — BERGMANN: Medaillen auf berühmte und ausgezeichnete Männer des öfterreichifchen Kaiferftaates, I., pag. 44.

VIII

L. Apulejus „Epitome de mundo", 1497, Mainz als die Erfinderin und Mutter der Buchdruckerkunft. Zum erften Male hat er fich als Buchdrucker genannt in der Schlufsfchrift zu den von ihm 1492 gedruckten Satiren des Aulus Perfius Flaccus. Seine Arbeiten, meift liturgifchen Inhaltes, datiren bis 1519. Die mit Holzfchnittbildern und Initialen reich gefchmückten Ausgaben des Miffale Patavienfe (erfte Ausgabe 1503), des Miffale Olomucenfe (1505), des Miffale Saltzeburgenfe (1506), des Miffale Defunctorum u. f. f. zeigen, wie vortrefflich ausgeftattet Winterburger's Buchdruckerei gewefen ift. Als feine bedeutendfte Leiftung aber gelten Peurbach's aftronomifche Tabellen (1514). Das *Symbol* Winterburger's befteht aus einem mit der Spitze nach unten gekehrten Pfeil, an dem fich eine gekrönte Schlange hinaufwindet, überragt von einem Kreuze, rechts und links die Buchftaben J und W., das Ganze von einem Zierrahmen umgeben. KAUZ fagt in feiner Abhandlung „Über die wahre Epoche der eingeführten Buchdruckerkunft in Wien" (1784) von Winterburger, dafs diefer beftrebt war, alle feine Rivalen auf dem Gebiete der Buchdruckerkunft zu verdunkeln, dafs er dem Bifchof Vitez (1490 — 1499) und feinen Nachfolgern alle Kirchenbücher jeder Gattung lieferte, die Wiener Gelehrten aneiferte, die vornehmften und koftbarften Werke auflegte und nennt ihn fchliefslich den Trattner feines Zeitalters.[1]

Das hier zu befprechende aus Winterburger's Buchdruckerei hervorgegangene Werk, das Wiener Heiligthumbuch von 1502, befteht aus 24 beiderfeits bedruckten Blättern ohne Seitenzahlen, mit den Signaturen *a—c*. Der Titelholzfchnitt zeigt unter vier Textzeilen die Figur eines ganz geharnifchten Ritters, in der Rechten das Stechfähnlein, neben ihm auf dem Boden die Wappen der Stadt Wien, Doppeladler und Kreuzfchild. Die zweite Seite bringt eine Anficht des St. Stephansdomes von Nordweften, die *ältefte* xylographifche Abbildung desfelben[2] und auch für die Baugefchichte des Domes inoferne von Intereffe, als fie das Bifchofsthor noch ohne die Eingangshalle zeigt. Die fogenannten

---

[1] Ueber Winterburger fiehe ferner: DENIS: Wiens Buchdruckergefchichte, pag. VI und desfelben Verfaffers Einleitung in die Bücherkunde, I., pag. 132; — FALKENSTEIN: Gefchichte der Buchdruckerkunft, pag. 189 und KOCH: Kurzgefafste kritifche Gefchichte der Erfindung der Buchdruckerkunft, pag. 30 ff.

[2] Diefe Abbildung wurde von dem Zeichner der Meldemann'fchen Rundanficht der Stadt Wien (1529) für fein Blatt copirt. H. KABDEBO hat in feiner Abhandlung über den Antheil der Nürnberger Briefmaler Meldemann und Guldenmundt an der Literatur der erften Türkenbelagerung, abgedruckt in den Berichten des Alterthums-Vereines zu Wien, Band XV, bereits darauf hingewiefen.

„Heidenthürme" fehen wir auf unferer Abbildung mit der urfprünglichen Eindachung aus glafirten Ziegeln, welche fich, wie Dr. Guftav HEIDER bereits in den Mittheilungen der k. k. Central-Commiffion II., pag. 3, bemerkt hat, noch unter der heutigen gothifchen Verkleidung der Thurmhelme befindet. Der nördliche diefer Thürme hat als Bekrönung ein Kreuz, der füdliche einen Wetterhahn an Stelle der erft 1631 aufgeftellten Statuen der Heiligen Stephan und Laurenz. Hierauf folgen drei Seiten Vorrede und Verzeichnifs der Abläffe und weiters ein blattgrofser Holzfchnitt, die Anficht des Heilthumftuhles: ein figurengefchmücktes mächtiges Gebäude, über einem breiten Rundbogen acht, an der Schmalfeite drei fpitzbogige Fenfter, mit herabhängenden Teppichen geziert. An den Fenftern ftehen Priefter, mit der Vorzeigung der Reliquien befchäftigt; unten auf der Strafse, zu beiden Seiten des Gebäudes, fitzt auf Bänken dicht gedrängt die Menge der Zufchauer.

Der Heilthumftuhl wurde 1483 erbaut und ftand quer über der Strafse zwifchen der Brandftätte und den ehemals der Weftfeite des Stephansdomes vorgebauten Häufern, ungefähr an Stelle der heutigen Baugruppe 8 und 8[A]. Er wurde im Jahre 1700 bis auf einen kleinen Theil, der beim Mefsner- und Bahrausleiherhaus ftehen blieb und an welchem fich nebft der Jahreszahl 1483 noch die Infchrift: Niklas Scheller die Zeit Kirchenmeifter" und die zehn Gebote befanden, abgetragen. Zu diefem Zwecke fand 1699 zwifchen dem Stadtrathe und dem Wiener Bürger Johann Baurnfeindt, welcher feit 1697 Befitzer des Haufes auf der Brandftätte neben dem Heilthumftuhl war, eine Vereinbarung ftatt, zufolge welcher dem Letzteren die Bewilligung zur Abtragung des Heilthumftuhles unter Anderm auch mit der Verpflichtung ertheilt wurde, die an demfelben befindlichen Wappen und die Statuen St. Stephans und der heiligen Katharina beim Abbruche des Gebäudes *möglichft zu verfchonen, unzerbrochen* herabnehmen und an dem ihm zu bezeichnenden Orte auf feine Unkoften wieder anbringen zu laffen.[1] Der nach diefer Abtragung noch erhalten gebliebene Theil des Heilthumftuhles wurde 1792 zugleich mit der Häuferreihe vor der Weftfeite des Domes entfernt.

Von dem Heilthumftuhle aus wurden übrigens die Heiligthümer nur *gezeigt,* nicht in demfelben *aufbewahrt,* wie manchmal irrthümlich berichtet wird. Das Heiligthumbuch felbft legt auf Sign *c i* r. Zeugnifs ab,

---

[1] Berichte des Alterthums-Vereines zu Wien, Band XI, pag. 242, Urkunde 141.

dafs alle in demfelben aufgezählten Reliquien und Kleinodien in der *Schatzkammer* des St. Stephansdomes (damals wahrfcheinlich ober der Kreuz- oder Eugen-Kapelle) aufbewahrt wurden; überdiefs fand OGESSER in den Ausgabsbüchern der Cuftodie die Beträge verzeichnet, welche für das jedesmalige Übertragen der Reliquien von der Schatzkammer nach dem Heilthumftuhle bezahlt wurden.[1]

Der Abbildung des Heilthumftuhles fchliefst fich ein Vorwort zum Verzeichniffe der Reliquien an, welches befagt, dafs das Heiligthum von St. Stephan „aus altem Herkommen und löblicher Gewohnheit" alljährlich am Sonntage nach dem Oftertage gezeigt wurde,[2] mit der Ermahnung, „dafs ein jeder Menfch auf fich felbft aufzumerken habe, kein Gedränge, Aufruhr oder Gefchrei anfange, damit Niemand in feiner Andacht beirrt noch verhindert werde, und die Menfchen das Heiligthum mit feinem Schmucke andächtig anfehen, auch die *Erklärung was ein jedes Stück fei,* und den Lobgefang, der dazwifchen gefungen wird, hören und bedenken und fich des grofsen Ablaffes theilhaftig machen mögen". Hieran reihen fich auf 25 Seiten mit 255 Abbildungen die „acht Prozeffionen oder Umgänge des Heiligthums," und zwar: 1. und 2. das Heiligthum Chrifti, 3. das Heiligthum unferer Lieben Frau, 4. das Heiligthum der zwölf Apoftel, 5. und 6. das Heiligthum der heiligen Märtyrer, 7. das Heiligthum der heiligen Beichtiger und 8. das Heiligthum der heiligen Jungfrauen.

In dem auf das Verzeichnifs der Reliquien folgenden Texte wird, wie bereits erwähnt, über den Aufbewahrungsort der abgebildeten Heiligthümer berichtet, mit der Bemerkung, dafs die Kirche zu St. Stephan zu jener Zeit *aufserdem* noch viele Kreuze, Monftranzen und andere Kleinodien befeffen habe, welche jedoch in das Heiligthum-

---

[1] OGESSER: Befchreibung der Metropolitankirche zu St. Stephan in Wien, 1779, pag. 98. — Ueber den Heilthumftuhl vergleiche noch: CAMESINA: Die Maria-Magdalenen-Capelle am Stephansfreithofe zu Wien und deffen Umgebung (mit Situationsplan) in den Berichten des Alterthums-Vereines zu Wien, Band XI, pag. 293. — Die Anficht der Stadt Wien aus der Vogelfchau, aufgenommen von Jacob HOUFNAGEL im Jahre 1609, geftochen von N. J. VISCHER in Amfterdam 1640, vergegenwärtigt am beften die bauliche Situation des Heiltchumftuhles und der angrenzenden Häufer. In feinen „Wiener Skizzen aus dem Mittelalter", 2. Reihe, bringt SCHLAGER die Copie eines Theiles der Houfnagel'fchen Anficht, den Stephansfreithof mit der Magdalenen-Capelle und dem Heilthumftuhl, nach einer in der Hofbibliothek befindlichen Zeichnung aus der erften Hälfte unferes Jahrhunderts, welche er jedoch a. a. O., pag. 314, als wahrfcheinlich von dem kaiferlichen Baumeifter CONTINELLI um die Mitte des 16. Jahrhunderts angefertigt bezeichnet.

[2] Eine theilweife Ausftellung der Reliquien, gleichfam eine Reminiscenz an das einftige „Heilthumsfeft", findet noch jetzt alljährlich am 16. Februar auf dem Hochaltare des Domes ftatt.

buch nicht aufgenommen wurden. Die Rückfeite diefes zugleich die „Befchlufsrede" enthaltenden Blattes ziert ein grofser Holzfchnitt: die Steinigung des heiligen Stephan. Hierauf folgen auf zwölf Seiten der Ablafskalender in Roth- und Schwarzdruck und auf der Vorderfeite des letzten Blattes, als düfteres Memento! in kräftigem Holzfchnitt die Sinnbilder des Todes: zu oberft ein auf einer Tragbahre ftehender Sarg, auf diefem Leuchter und Weihwedel, unter demfelben ein von Schlangen umwundenes von einem Todtenkopfe bekröntes Wappen- fchild mit übereinandergelegten Gebeinen, zu unterft ein offenes Grab, darinnen ein theilweife von einem Leichentuche umhülltes, von Schlangen und Kröten benagtes liegendes Gerippe; an den Seiten lehnen Haue und Spaten, eine Bandrolle trägt die Infchrift:

·M·G·W·ALL·HERNACH· 1502·

Die Buchftaben *M. G. W.* auf diefem Holzfchnitte werden mehr- fach als Monogramm des heute noch unbekannten Zeichners oder Form- fchneiders unferes Heiligthumbuches gedeutet. Aber fchon der gelehrte Bücherkenner DENIS in feiner Gefchichte der Wiener Buchdrucker- kunft und Dr. A. ILG in den Berichten des Alterthums-Vereines zu Wien haben die Vermuthung ausgefprochen, dafs diefe Buchftaben nur eine zu den Worten All Hernach gehörige Abbreviatur feien. Als Monogramm des Künftlers dürften fie fchon aus dem Grunde nicht anzufehen fein, weil der Titelholzfchnitt der Ausgabe des Heiligthum- buches von 1514, der, wie eine auch nur flüchtige Betrachtung lehrt, entfchieden von einer anderen Hand herrührt, als die Holzfchnittbilder der Ausgabe von 1502, unten zwifchen zwei Wappenfchilden in einer Bandrolle *dieselben* Buchftaben trägt. Vielleicht waren fie die Abbre- viatur irgend eines frommen Spruches, welchen Heuperger als Devife führte. Einige ganz im Charakter der Illuftrationen des Heiligthum- buches von 1502 ausgeführte *nicht* monogrammirte Holzfchnitte in Winterburger'fchen Druckwerken, wie beifpielsweife das wohl unzweifel- haft von dem Meifter der erfteren herrührende Titelbild des Miffale Olomucenfe, würden wefentlich die Vermuthung unterftützen, dafs die in Rede ftehenden Buchftaben nicht als Monogramm des Zeichners oder Formfchneiders in Betracht zu ziehen feien.

An diefer Stelle mufs auch einer mit unferem Holzfchnitte in Darftellung und Infchrift ganz übereinftimmenden getufchten Feder- zeichnung gedacht werden, welche in der Anfichtenfammlung der k. k.

Hofbibliothek aufbewahrt und in den Mittheilungen der Central-Commiffion IX. Bd., p. 275 als Abbildung eines Grabmales an der St. Stephanskirche ausführlich befchrieben wird, ohne dafs jedoch in der citirten Befchreibung derfelben Darftellung im Heiligthumbuche erwähnt würde. Der untere Rand diefer Zeichnung trägt die folgenden Schriftzeilen: Stein von rothen Marmor auf dem Altare, der von drey Seiten offenen gothifch zierathirten Todten-Kapelle, aufserhalb der St. Stephanskirche, neben dem unausgebauten Thurme gegenüber des Erzbifchöfl. Palaftes. 1788. Eine von derfelben Hand gefchriebene Notiz auf dem Unterfatz-Carton der Zeichnung meldet weiters: Die Kapelle wurde fammt allen übrigen, auf diefer Seite befindlichen Grabmählern, wegen dem Baue eines Schulhaufes abgebrochen; diefes wurde jedoch nach der Vollendung, wegen Verunftaltung der Kirche, in Folge Befehls Kaifer Jofeph II. bey feiner Zuriickkunft aus dem Türkenkriege, auf Koften des St. Wr. Mag. Stadtunterkämmerers, Stephan Wohleben, wieder demolirt. anno 1788.

Diefe aus der Sammlung des Gefchichtsforfchers Ignaz de Pauli von Enzenbühl ftammende etwa 1830—1840 angefertigte Zeichnung ift nichts als eine Copie nach dem Holzfchnitte des Heiligthumbuches, aus welchem noch das Titelblatt mit der Figur des geharnifchten Ritters und die Abbildung des Heilthumftuhles, in derfelben Weife ausgeführt, fich in der Sammlung der Hofbibliothek befinden. Kann daher diefe Zeichnung nicht als Beweisdocument dafür gelten, dafs jemals ein folcher Grabftein fich an dem Stephansdome befunden und, wie man dann wohl fchliefsen müfste, dem Zeichner des Heiligthumbuches als Vorbild für fein Wappen des Todes gedient habe, oder umgekehrt, in demfelben Jahre ein Grabmal nach dem Holzfchnitte ausgeführt worden fei, fo find die auf der Zeichnung befindlichen handfchriftlichen Notizen an und für fich gegenftandslos, weil auf der Nordfeite des Domes aufser dem ehemals zwifchen zwei Pfeilern an der Weftfeite des Thurmes eingebaut gewefenen Beinhaufe, welches hier nicht gemeint fein kann, fich keine der Befchreibung entfprechende Todten-Kapelle befand; auch des angeblich *an Stelle diefer Kapelle* erbauten und nach feiner Vollendung wieder demolirten Schulhaufes gefchieht nirgends Erwähnung.

Auf den Holzfchnitt mit den Sinnbildern des Todes folgt fchliefslich noch eine Textfeite, welche uns Kunde gibt, dass das Heiligthum-

und Ablafsverzeichnifs des St. Stephansdomes im Jahre 1501 durch den Wiener Bürger und Rathsherrn Matthäus Heuperger zufammengeftellt und 1502 durch Johann Winterburger zu Wien gedruckt worden fei. Am Schluffe des Textes ift das von einer männlichen und einer weiblichen Figur in einer einfachen Umrahmung gehaltene Wappen des Matthäus Heuperger abgebildet: ein fenkrecht getheilter Schild mit je einem spitzen weifsen Felfen im erften (rothen) und zweiten (fchwarzen) Felde; beide Felfen umgibt ein die untere Schildeshälfte ausfüllender Geflechtszaun, das ererbte Wappen der Herren von Pankirchen. Ueber dem Schilde, auf einem gekrönten Helme, erfcheinen wieder die beiden Berge und der Zaun zwifchen (rechts fchwarzen, links rothen) Adlerflügeln.[1] Diefer Holzfchnitt fehlt in fämmtlichen mir bisher zur Kenntnifs gekommenen Exemplaren des Heiligthumbuches mit Ausnahme des der Reproduction zu Grunde gelegten auf Pergament gedruckten im Befitze des k. k. Oefterreichifchen Mufeums und ift auch in der Befchreibung beider Ausgaben bei DENIS nicht erwähnt. Das Exemplar des Oefterreichifchen Mufeums enthält aufserdem auf der Innenfeite des gleichzeitigen Original-Einbandes dasfelbe Wappen auf Pergament mit Aquarellfarben gemalt. Auf das Vorfatzblatt ift ein Holzfchnitt, ein türkifches Zeltlager vorftellend, geklebt und auf deffen oberen Rand find in kräftiger Fractur aus dem Anfange des XVI. Jahrhunderts die Worte gefchrieben: Jhefsus Maria. M. H. Aller Wahrfcheinlichkeit nach ftammt alfo diefes Exemplar aus Heuperger's eigener Bibliothek und wurde nur bei einer kleinen Anzahl von Abzügen am Schluffe das Wappen des Herausgebers beigedruckt.

Auch durch einige kleine Abweichungen im Texte unterfcheidet fich das Exemplar des Oefterreichifchen Mufeums von der Mehrzahl der mir bekannten Exemplare der Ausgabe von 1502. So heifst es in dem erfteren auf Sign. *b i* v. in der Befchreibung der 5. Figur: . . . darinn sein hei heyltumb, in den übrigen Exemplaren fehlt die Silbe hei; auf Sign. *b ij* r. bei der 7. Figur: Ain arm sanud Bartlme, in den anderen correct sannd; auf Sign. *b viij* r. in der erften Figur: . . . . sand

---

[1] Das „verbefferte" Wappen der Heuperger hat als Helmkleinod einen gekrönten goldenen Löwen zwifchen zwei mit je drei Pfauenfedern befteckten Büffelhörnern, deren eines oben roth, unten weifs, das andere oben gelb, unten fchwarz ift. (VISSGRILL a. a. O., pag. 396.) Diefes verbefferte Wappen hat Auguftin HIRSCHVOGEL für Leopold Heuperger geftochen. (Bartsch 114.)

XIV

Petrnoell, in den übrigen correct Petronell — Correcturen, welche während des Druckes waren vorgenommen worden.

Es erübrigen noch einige Worte über die *Ausgabe des Heiligthumbuches von 1514;* diefe war kein completer *Neudruck*, fondern es wurden dem Refte der Auflage von 1502 nur ein neues Titelblatt und vier Seiten Nachträge zu dem Schatzverzeichniffe beigefügt, woraus fich die in verfchiedenen Zufälligkeiten vollkommene Übereinftimmung des Textes und die gleichlautende Schlufsfchrift mit der *Jahreszahl 1502* in *beiden* Ausgaben erklärt.

Der Holzfchnitt des Titelblattes von 1514 zeigt in einer reichen Umrahmung mit Kindern und Wappenfchilden die Figur des heiligen Stephan, im Hintergrunde die Stadt Wien. Unten in der Mitte des Bildes trägt eine Bandrolle die oben befprochenen Buchftaben *M. G. W.*; in den unteren Ecken Kinderfiguren mit dem Wappen des Martin Heuperger, den beiden Bergen mit dem Geflechtszaun und demjenigen feiner zweiten Gattin Anna Parth, einem Mannskopf en face gefehen, mit ftarkem Barte und kahlem Scheitel.[1]

Die dem Nachtrage zu dem Reliquienverzeichniffe voranftehende kurze Einleitung berichtet uns, dafs in denfelben nebft den Stücken, welche feit 1502 zu dem Reliquienfchatze neu hinzugekommen waren, auch mehrere bereits in der Ausgabe von 1502 abgebildete, feitdem neu gefafste Heiligthümer aufgenommen find, und dafs diefer Nachtrag abermals auf Koften des M. Heuperger veröffentlicht wurde. Die 21 Figuren diefes Nachtrages find mit Buchftaben *a* bis *x* bezeichnet und nach den acht Umgängen geordnet. Als neu gefafst find 6, als neu hinzugekommen 15 Heiligthümer aufgeführt.

Der vorliegenden Reproduction der Ausgabe von 1502 find das Titelblatt und die Nachträge von 1514 am Schluffe angefügt, fo dafs alfo in derfelben *beide* Ausgaben vereint erfcheinen.

Aus der langen Reihe der in dem Heiligthumbuche verzeichneten Reliquiare finden fich in dem Schatze von St. Stephan nur mehr ein

---

[1] Die vereinten Wappen der Heuperger und Parth finden fich auch noch auf der Wappengruppe im Schlofshofe zu Ebreichsdorf, welche Hieronymus Beck, der Enkel des M. Heuperger, beim Umbaue des Schloffes (1581 — 1588) dafelbft anbringen liefs und ferner auf einer Sandfteintumbe über der Beck'fchen Familiengruft auf dem Friedhofe bei der Pfarrkirche zu Ebreichsdorf. (LIND: Archäologifche Notizen über Niederöfterreich in den Berichten des Alterthums-Vereines zu Wien, Band XV, wofelbft auch eine Abbildung der Wappengruppe und der Tumbe. — DERSELBE: Die Chronik der Familie Beck von Leopoldsdorf in den Blättern des Vereins für Landeskunde von Niederöfterreich, Neue Folge Band XI.)

XV

Pacificale aus emaillirtem und vergoldetem Silber mit einem von Herzog Rudolph IV. der St. Stephanskirche verehrten Kreuzpartikel (abgebildet Sign. *a v* r., Fig. 1 und als *neu gefafst* im Nachtrage von 1514, Fig. *a*) und das Andreaskreuz (Sign. *b ü* r., Fig. 2) vor. Von allen übrigen dafelbft abgebildeten Reliquienbehältniffen ift heute leider nichts mehr vorhanden. Zur Zeit der Türkenzüge und der Kriege gegen Frankreich wurden die Reliquien aus ihren koftbaren Faffungen und Behältniffen herausgenommen und diefe veräufsert. Jetzt find die Reliquien in der einftigen „fchönen Heilthumb-Sakriftei" an der Südfeite des Chores in zwölf Wandfchränken und zumeift künftlerifch wie materiell werthlofen Faffungen aufbewahrt. Von um fo gröfserem kunft- und auch localhiftorifchem Intereffe ift daher unfer Heiligthumbuch — es bewahrt die Erinnerung an die einft bedeutenden Kunftfchätze des Wiener Domes.

Zum Schluffe mufs noch mit befonderem Danke die materielle Förderung hervorgehoben werden, durch welche das hohe k. k. Handelsminifterium die Herausgabe diefes im Originale in nur fehr wenig Exemplaren erhaltenen Buches ermöglichte, fowie die Liberalität, mit der die Bibliothek der Stadt Wien das in ihrem Befitze befindliche Exemplar des Heiligthumbuches mit den Nachträgen von 1514 für die Zwecke der Reproduction zur Verfügung ftellte. Die Herftellung der photozinkographifchen Platten und der Druck wurden in der k. k. Hof- und Staatsdruckerei beforgt.

WIEN, 26. November 1881.

FRANZ RITTER.

In disem Buechlein ist Verzaichent das hochwirdig heyligtüb so man In der Loblichen stat Wienn In Osterreich alle iar an sontag nach dem Ostertag zezaigen pfligt.

Die Vorred

Jn dem namen der Ewigen vngetailten vnd aller heyligisten driualtikait gots vaters Sones vnd heyligen geysts. dreyer person ains ewigen wesen. Amen. Wiewol gar pillich zymlich vnd gepurlich were. Anfangs vō dem hochwirdigen heyltumb ein schöne Lobrede zethuen. Dieweil es aber mit kurtzen worten nit beschlossen mag werden vnd lang Rede ditz mals nit stat wil haben. darzue wir auch die gnad tugend krafft vnd trost desselben heyligtumbs nit genueg samlich volloben mögen Demnach sollen vnd wellen wir got den allmechtign in aller diemuetigkait mit andechtigen berewten hertzen anrueffen vnd pittn. das er durch sein gotliche genad. die geprechligkait vnnserr verstentnuss abwennde vnd vnser gemuet barmhertzigklich erlewchte Also das wir diss gegenburtig heyligtumb vnd das leyden vnsers herrn Jesu christi. Auch die marter vnd das verdienn aller lieben heyligen ansehen zu hertzen nemen vnd betrachtn Vnd dardurch das ewig hymlisch vaterlannd erlanngen mogen. Amen

Anfengklich zumerken. nach dem von den heyligñ vetern Bebsten Cardinaelen Legaten Ertzbischouen vnnd Bischouen ain gross mergklich anzal Bebstlicher bullen vñ antlaßbrieue bey dem Lobwirdigen gotshaws aller heyligen Thuemkirchen sand Steffans vorhanden sein. welcher Jnnhalte hierinn zubegreiffen verdriesslich zuhoren were Vmb deswillen. die gnad vnd ablas in denselbñ brieuen vermelt in nachuolgendem Kalender angezaigt vnd begriffen Vnno noch vber das in sonderhait ain treffenlicher antlas aus obberurten brieuen gezogen vnd beschriben ist. Welher Mensch eins puelwertigen lebens. berewten hertzens vnd gueten fursatz benätes wirdig Gotshaws sand Steffans mit andacht heimsucht. erlangt gnad vnd ablas tötlicher sund vnd zwir souil lesslicher wie hernach begriffen ist

Jtem Welher mensch in sand Steffans kirchen. das Salue regina. so man all Sambstag abent. vnd in der Vasten all tag Singt. höret vnd mit anndacht dabey ist erlägt albeg. ij. M. xl. tag.

Jtem all Sonntag das gantz iar. Von dem gotsdienst da selbs zu sand Steffan albeg vj. M. iij C. lxx. tag.

Jtem all montag wer ij. Pater noster. vnd souil Aue maria. allen glaubigen Selen zu hilff vnd trost in sannd Steffans kirchen mit andacht pett. albeg. iiij. iar vnd xl. tag.

Jtem all tag. von den tagzeiten der korherrn. v. M. viij. C. lxx. tag.
Jtem von ainer yeden Mess oder ambt. vj. M. vj. C. vnd xl. tag.

Item von yeder predig. iiij. M. viiij. C. lx. tag.
Item wer Nider kniet so der briester wandlt gotsleichnam in der mess vn̄ andechtigklich pett.erlangt. viiij. C. vnd lxx. tag.
Item von dem ambt vnnserr lieben frawen so man altag auff vnser frawen altar singt.albeg. iiij. C. tag.
Item von dē Ęent sctē. so mā zu dem selbn̄ ambt singt albeg vj.c.lxx.tag
Item wer vor sand Andre alltar andechtigklich pett.ij. Pater noster.vnd souil Aue maria.erlangt. iij. C. xx. tag.
Item All freitag von der Respons. Tenebre facte sunt. j. C. lxxv. tag.
Item wer in den Kor get vnd andechtigkleich darin pett. iij. C. xx. tag
Item wer vorm kor vor dem Crucifix iij. Pater noster.vnd souil Aue maria andechtigklich pett. iij. C. lx. tag.
Item wer vor dem Sacrament mit andacht pett.v. Pater noster.vnd souil Aue maria. ij. iar souil quadragen.vnd sunst lxx. tag.
Item welber mensch durch sand Steffans kirchen get vnd mit andacht pett.j. Pater noster.vnd j. Aue maria. v. C. vnd xx. tag.
Item welber mensch in sand Steffans kirchen allem heiligtumb zu lob vnd erespricht. v. pater noster.vnd souil Aue maria. Erlanngt von yedem stugk des heiligtumbs. ij. C. lxx. tag.
Item welber mensch vmb die kirchen get vnd pett mit andacht vmb all gelawbig Selen der corper da pegraben seind. erlangt. ij. M. xl. tag.
Item wer dz hochwirdig sacramēt zu den krägken belait.vj.m.vj.c.xx.tag
Item von blaittung der heiligen Olung. vj. M. vj. C. xx. tag.
Item wer iij. Aue maria.knyend mit andacht pett So man amb morgen oder abent lewt zum Englischen gruess. viij. M. vj. C. xl. tag.
Item an hochzeitlichen tegen Christi. Vnnserr lieben frawen. vnd an andern hochzeitlichen tegen des iars. xiiij. iar souil Quadragen. Mer viiij. iar vnd xij. M. iij.C. vnd lxx. tag.
Item So man das Heiligtūb zaigt. xvj. iar vnd souil quadragen. Mer j. M. j. C. vnd xl. tag. Vnd vber das ist gar ain trefflicher Anntlas Inhallt obberurter brieue vnd insigl auf all hochzeitlich teg des gantzen iars gegeben vnder welben diser tag der zaigung des heiltumbs der maisten ainer ist. Demnach noch gar vil mer gnad vnd ablas darauf geuellet wie vor in den brieuen angezaigt wirdet.
    Amb tag der kirchweich benanter aller heiligen Thuemkirchen sand Steffans daran man das heiligtumb zaigt in sonderhait. xiiij. M. v. C. vnd xxxiiij. tag.
Item welber mensch Ime ain Begrebnuss zu sand Steffan erwellt. Erlangt. v.C.xx. tag.
Item wer bey Begrebnuss der Toden ist. ij.M. viij.C. tag.
Item wer geschefft thut zu benanter sand Steffans kirchen. Oder rate vnd billff zu den gescheften gibt. M.vnd iiij.C.tag.

Item Am achtisten aller Selen tag von der korherren Selambt v. iar vnd souil Quadragen

Item wer hilff vnd stewer zwm gepaw oder zier des heiltumbs raichet od die Capellen vñ alter mit andacht haimsucht vij.AD.ij.C.vñ xrij.tag

Item wer vmb Stiffter vnd Stiffterin Jn sonderhait fur all Fursten võ Osterreich andechtigkleich bitt vnd anndere guette wergkh volbringt ij.AD.viiij.C.xx.tag.

Item Hertzog Rudolf von österreich loblicher gedechtnuß. hat in der kirchtur benanter aller heiligñ tumkirchen sand Steffans am hineingen auf o Tingken hand in der mawer bei des võ Tyrna capeln ainen stain mit glockspeis eingemasst darauf sand Colmás plüt do man Jm die schinpain zesagt geflossñ. Darumb auch gar vil heiltüb vermawert ist. Wer sich mit dem selben stain bestreicht od sich andechtigklich dargegñ naiget erlankt von ainem patriarchen vnd ix. bischofen albeg von yedem xl. tag todlicher sünd vnd zwir souil leslicher.

Item wer vor der pilönuss der parmhertzigkait vor dem Karnner auff dem freithof spricht knyend vnd mit andacht iij. Pater noster vnd souil aue maria. AD. vnd C. tag.

Item Wer da andechtigkleich pitt fur die so den Anntlas erlannget haben: AD. vnd ij. C. tag.

Item Babst Bonifacius der Newnt gibt allen pucswertigñ menschñ die an des heiligen fronleichnams tag andechtigklich seind bei dẽ vmbgang Allen antlas der zu allen kirchen vnd Clostern in der Stat Wienn an allen hochzeitlichen tegen des gantzen iars gegebñ ist. Auch am achtisten tag gotsleichnabs eben geleich allen zezuorgeschrihñ antlas nach innhalt ainer Behstlichen Bulle darumb vorhanden. Was aber noch vher das auf benanten gotsleichnambs tag.genad vnd ablas von den heiligen vettern Behsten Cardinaln Legaten vnd Bischofen zu bemeltẽ sand Steffans gotshaws gegeben ist im Kalender hernach begriffen. Aber das alles ist das vorgenãt wirdig gotshaws aller heiligen Thumkirchen sannd Steffans mit vil mer trefenlicher genad vnd ablas vonn den heiligen vetern Behsten Cardinelen Legaten vnd Bischofen begabt vnd furgesehen darvon lanng zuschreiben wer. vnd aber aus kürtz vnderwegen beleibt Sonderlich die gar allten anntlasbrief vnd Bullen der Jnnhallt man von allter abgegangner schrifften wegen. nit mer lesen mag. welh genad vnnd Ablas ain yeder Christen mensch durch peicht puess Kate hilff Stewer vnnd andere guete wergk wie woristet wol mag erlanngen. vnd Jm on zweifl darmit ainen weg zu der ewigen seligkait machen. darzue vnns got der almechtig aus seiner gotlichen Barmhertzigkait an vnnserm lesten ennde genedigklich eruodern vnd auf nëmen auch vnns der hymlischen freid in der ewigkait mit verzeihen welle.

a iij

Die Form vnd gestaldt des heyltumbstuels.

Eernach ist in Figuren vnd Schrifften klerlich angezaigt wie das hochwirdig heyltumb benannter aller heyligen Thuemkirchen sand Steffans in der Loblichen stat wien des Ertzhertzogtumbs Österreich aus alltem herkomen vnd Loblicher gewonhait alle Jar ierlich Sontags nach dem Ostertag gezaigt wirdet. Mit diser ermanunng das ain yeder menich auf sich selbs aufmerken habe, kain Gedrang Aufrur oder geschrai anfach. darmit nyemand in seiner Andacht geirret noch verhindert werde. Vnd die menschn difs hochwirdig heyltüb mit seiner gezierde andechtigklich vnd mit berewtem hertzen anschawn Auch was ain yedes Stugk sey. vnd das Lobgesang so man darzwischen volbringt. horen vnd bedenncken vnd sich des grossen Anntlas tailhaftig machen moge. Nachmals all christenlich mennschen ermonend got den allmechtigen mit demutigen hertzn anzerueffen vnd zupittn das er durch sein gotliche genad all geprechligkait vnd Mangl der gemainen Christenhait barmhertzigklich abwende. Den heyligen gelawben beschutz vnd nit in abnemmung kommen lafs. Darnach vmb gots willen fleissigklich zupitten vmb all menschen Lebendig vnd tot die got dem almechtign der Lobsamen Jnngkfrawen Maria vnd allen lieben heyligen zu Lob vnd ere. ir Rate billif vnd Stewer zu gezier vnd merung des Loblichen heiltumbs geben haben vnd noch konftigklich gebn werden. Got der allmechtig welle den Lebentigen ain glugkseligs wesen hie auf erde. Vnd den toten die ewig Rue vnd seligkait verleihen. Auch in sonnderhait nach ainem yeden vmbgang oder process pitt man mit namen vmb all Stiffter vnd Stifferyn des wirdigen Gotshaws vnd nemlich vmb all ander die ir Hillf vnd Stewer zu disem heyltumb geraicht vnd geben haben. die hierynn mit namen zubegreiffen nit not sein.

Hernach volgn die acht procession oder vmbgeng des heyltumbs mit Jren Figuren vnd schigkligkaiten in ainer ordnūg nachainander. Ein yeklichs stuck in sunderhait mit fleis abgunteruecht.

a iiij

Der Erſt vmbgang
Singt man die Reſpons. Hoc ſignũ crucis

Am Erſten wirt man euch zaigen das heyltumb das vnſerm herrn Jeſu Chriſto zuegehort das ſolt Jr mit Gedechtnuß ſeins Heyligen leyden Jn danngkperkait Andechtigklich Sehen.

Jn Silbrein pilonus vnſers haylmachers Jeſu Chriſti Darin hernach geſchribn Stuck. Jtem Des Stains darin das heilig kreytz geſtáden iſt Des ſtains darauf xps geſtanden iſt zu d' tauf im Jordan. Des ſtains darauf xps geſtandn iſt ſo er mit moyſes geredt hat. Von dē ſtain darauf chriſtus fluend vñ vber das volgk den ſegen gabe. Von dē ſant vnd erden des jordan. Von der gulden portn. Von dem agker gekawſt võ den xxx. pfenning darumb xps verkawſt ward. Von der Cron darauf xps ſeinen plůtigen ſchwaiß vergoſſen hat. Etlich tropfen des wunderlichn pluts xpi ſo võ ainē ſtich ains Judn mit ainer lantzn in ain Crucifix getan heraus Gefloſſen iſt welhe lantzen hernach gezaigt wirdet. Von dem prat des abendeſſn xpi. Von dem furhang des Templ Salomonis der ſich zerais zu der zeit der marter chriſti welhen Maria mit aigner hand gewarcht vñ in den templ' Geopfert hat. Von dem vngeneten rogkh chriſti. Von dem ſchefflein darin xps mit ſeinen Junzeren auf dem mer geſaren iſt. Von dem prat das vberbeliben iſt den funf tawſent menſchn geſpeiſt võ xpo. Von der kertzen die dy ſtat Jeruſalem verprent hat. Von dē hymlprat das den Juden in der wueſt von hyml gegeben ward. Des weyrachs der heyligen drei koenig. Vnd von der Stangen der heiligen Lamitzen damit Chriſtus in ſein heylige ſeyten geſtochn ward mit anderm heyltumb.

Darnab werdet ir ſehñ xxxviij. kreytz mit Silber vnd gold gezieret darin inanigfeltigklichñ des holtz des heyligen kreytz mit vil anderm heyltũb.

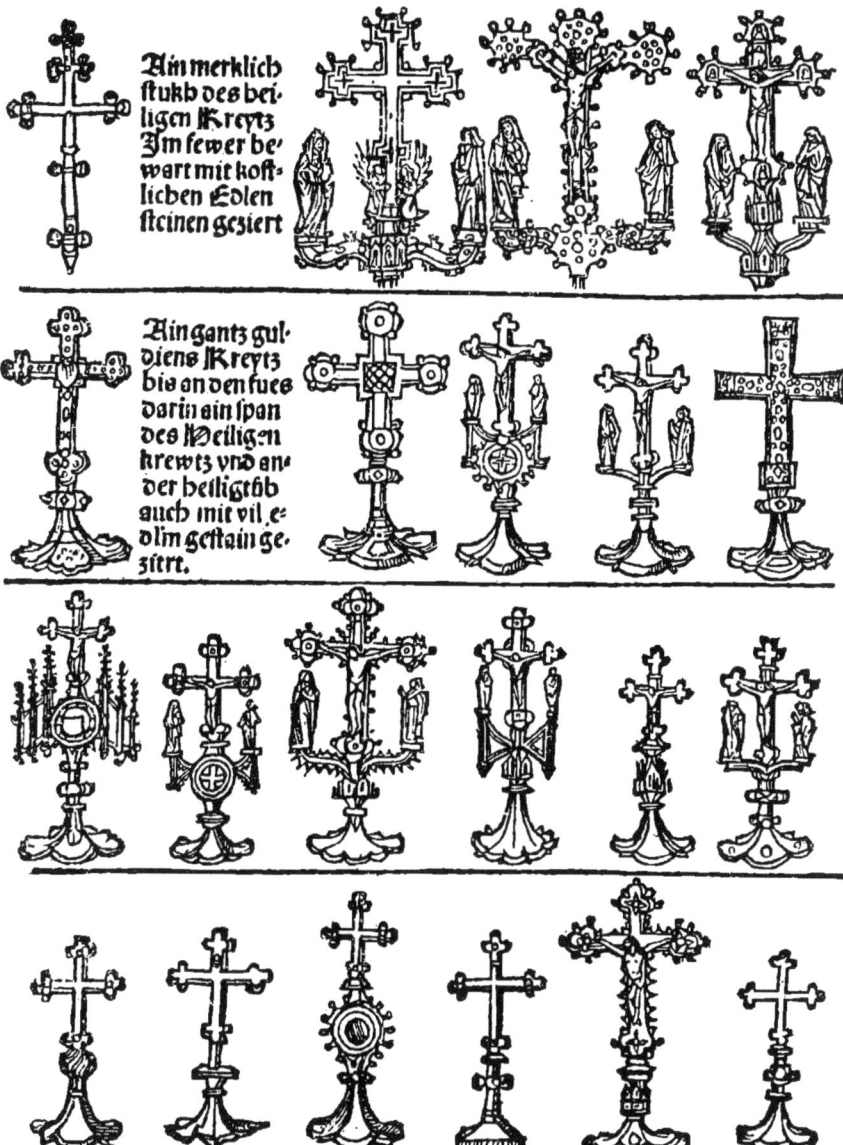

Ain Guldein
kleinat vmbge
bñ mit perlein
darin von dem
heiligñ kreutz

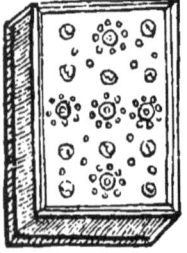

Ain guldein Plenari
mit Edlem gestain dar
inn der gerten mit den
Christus Jesus an der
Sewl Gegaiselt ist
worden.

Ain silbrein vergulte mon
sträts geschikt als ain kreytz
darynn auch der gerten mit
den der herr gegaiselt ist wor
den Auch der klaider christi
vnd des stains von dem der
herr Christus gein Hymell
ist gefaren.

 Ain Silbrein plenari mit ainem ölperg dar‐ inn ain stain von dem Grab Christi. Auch das heyltumb Sand Andre vnd sand Ka‐ threin.

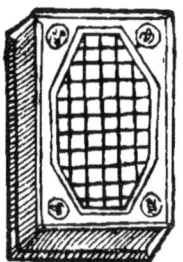 Ain silbrein ple‐ nari mit ainer weitn parilin dar inn des heyligen krewtz mit mer heyltumb.

 Ain silbrein v̈ gulte mon‐ strátz darinn des heiltumb von dē grab Christi. auch S. Jacob des merern vn̄ S maria magda len.

 Ain silbrein ver gulte mōstrautz darin dz heiltūb von dē Seyl. dar an xp̄s gegayslt ist wordn̄. vō dē grab xp̄i. von dē mann tl xp̄i. vnd vil ander heilig tumb.

 Ain silbrein v̈ gults pectoral mit Edlem ge‐ stain vnd perl geziert darinn von dem heili‐ gen kreytz vnd vil ander heil tumb.

Der annder vmbgang.

Singt man die Respons. In mōte oliueti.

Aber wirt man euch zaigen das heyltumb
das vnnserm herrn Jesu Christo zuegehort.

 Ain Guldein monſtråtz darinn drei dorn aus dͤ dorneyn kron vnſers herren Jeſu chriſti.

 Ain Silbrein vergulte monſtrantz Auch drey dorn auſs der vorgenanten kron.

 Ain ſilbrein vergulte mōſtrantz darin ain dorn aus der kron ɾpi.

 Ain Silbrein mōſtrantz vergullt darin ain dorn aus der kron. vn̄ Des vngenetn̄ rogk vnd des purpurn gewåds Chriſti

 Ain ſilbrein v̄gulte mōſträtz darin ain dorn aus der kron mit annderm heiltumb Jeſu chriſti. auch vnnſer lieben frawen.

 Ain guldeine mōſträtz darin des tüchs mit dem ō bef xpſ vmgeben iſt wordn̄ an dem heilign̄ kreytz auch darin aller zwelfpoten heiltumb.

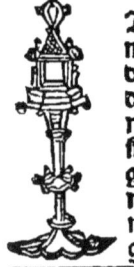 Ain Guldein mōſträtz darin des ſchwambſ der vnſern herren Jeſu Chriſto an dē heiligen krutz iſt geraicht worden mit eſſig vnnd gallen.

 Ain Guldein plenari darinn von dem heyltumb des plütigen ſchwais Chriſti.

 Ain guldein plenari darin das heyltūb von der Beſchneidunng Chriſti.

 Ain vergullte mōſtrantz dar in ain nagel da mit der bef an das krewtz genagelt iſt worden.

 Ain Plenari mit ainem ſilbrein vergultn̄ plech darynn des vngenetn̄ rogks vnd des leburtztüchs chriſti mit mer heiltumb

 Ain Silbrein vergulte monſtrantz darinn von dem purpnrn̄ Rogkh Chriſti.

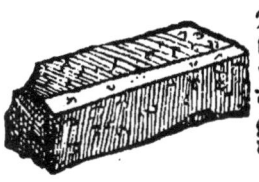 Ain Mercklich stugk des stains von der Sewln daran Christus gegaiselt ist worden.

 Ain wolgeziert gross plenari dar inn die wintl mit den Christus ein gewickelt ist gewesen in der krippen.

 Ain wolgezierts vergults plenari darinn des Tisch tuchs auf dē der herr Jhesus mit seinen Jungeren das leist abentessen hat geessen

 Ain silbrein v gult monstrantz darin des tuchs in dem der herr Christus geopfert ist in den Tempel.

 Ain paten gesprengt wunderlich mit plut

 Ain lantzen so ain Jud in ain crucifix gestochen hat gesprengt wunderlich mit pluet

 Ain silbrein v gulte mösträtz geschigkt als ain straussen ay darauff sannd Barbara pild darin von dem grab rpi mit anderm heyltumb.

 Ain monsträtz darin des mirren vñ des weirachs aus dem grab Christi.

 Ain silbrein v gulte mösträtz darin des heyligen Crewtz. Auch heylig tumb vō sand Georgen vnd von sannd Augustin.

 Ain Plenari mit ainer mayestat: darinn vil partighell mit heiltumb

 Ain cristalline monsträtz darin des ertrich mit dem Christus bestrichñ hat die augen des plintgeboren menschen.

 Ain silbrein vergulte monstrantz mit der pilonuſs vnſers beken vnd vnſer frawen dar inn von dem meſſer da mit Chriſtus beſchniten iſt worden.

 Ain wolgezierts groſs plenari ſilberein verguilt. darinn das tuech darynn der herr Criſtus im grab gelegen iſt.

 Ain Silbrein vergullter Kopff daryn von dem Tiſch darauff vnſer herr Jheſus Chriſtus mit ſeinen Jungeren das abent eſſen gehalten Und des Brots des ſeyn heylig Junger mit Im geeſſen. Auch von den Rorſtangñ da mit Im die Juoñ die kron in ſein heyligs haubt getruckt haben.

Der drit vmbgang

Singt man die Respons. Felix namqz.

Nun wirt man euch zaigen das beylthumb vnſer Lieben frawn.

 Ain guldeine Monstrantz Darynn des hars der iunkfrawñ Marie

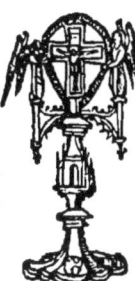 Ain Krewtzll das vnser liebe fraw nach der auffart Christi an irem hertzen getragen hat

 In ainer Silbrein vergulten monstrantzen des Schlairs vnnser lieben frawen

 Ain Silbrein klains plenari daryun auch des Schlairs vnnser lieben frawen

 Ain gros Plenari mit ainem Glas darynn vnser lieben frawen schlair den sy vnnder dem heyligen Krewtz getragen hat.

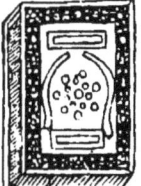 Ain klains plenari, mitten ain hefftel mit perlein, darynn von der pfait, gurtl vnd schlair vnser liebñ frawñ

 Ain schwer silbreine vergulte tafel, darynn das heyltumb vnser lieben frawñ vñ der Heyligen zwelffpoten.

 Ain Silbreine vergulte monstrantz darynn das heyltumb vnnserr liebñ frawen mit mer andern heyltumb.

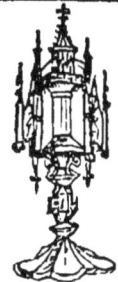 Ain silbreine vergulte monstrantz Darynn vnnserr frawen gurtell.

 Ain Silbrein pild sand Anna darum ir heylig tumb. auch von ainer ripp sand Regina. darzw S. Fortunat vn verone der iunckfrawn heiltūb.

 Ain Silberein vergulte Monstrantz mit ainer parillen darinn vō dem mātel vnnser liebn frawen.

 Ain silbrein vergulte monstrātz darin der gurtl vnd ander heiltumb von vnnserr lieben frawen. auch sand Margarethen heyltumb.

 Ain Silbrein vergulte monstrantz darinn vō dem schlair vnd gurtl vnnserr lieben frawen.

 Ain Silbrein pild Marie mit irem heyltumb.

 Aber ain Silbrein pild marie mit vil heiltumb.

 Ain klaine mōstrantz. In der mitt ain scheybligs glas. darin heiltūb von vnser lieben frawn vnd sand Katherein.

 In ainer Silbrein monstrātz von der Gurtl Marie. Auch heyltumb von dem plut sand Steffan vnnd sand Georgen.

 Ain Silbrein vergulte monstrantz: gehört zu dem Sacrament. Darinn vnnser frawen heiltumb.

 In ainer parillein monstrantz der faon die maria gespunnen hat vnd von dē haubt sand peter ō das Salue gemacht hat

 In ainem halben strawssen ay etwas vergult das heiligtumb vnnserr lieben frawen vnd sand Melene.

 In ainer vgulten monstrantz vorn mit ainer scheibling parilln von dem grab Marie. auch heiltumb sand Anna vnd sand Barbara

 Jn ainē paril-lein kopß mit silber geziert vn̄ vgullt dz heiltūb marie Sanno Lien-harte vnd der H. M. maid

 Aber in ainē parillen kopß võ dem degk-lach vnser lie-ben frawen vnd des har marie magda-lene.

 Jn ainer Sil-brein möſträtz mit ainer perů-len gescheibt des rogks mi vn̄ des ſchlairs vnſer frawen.

 Jn Ainer Greiffnkloe darauf ſand Georgn pild Uonn dem ſchlair Ma-rie mit mer beyltumb.

Jn ainer ſil-brein vgulrū groſſen mö-ſträtz gebo-rend zw dē ſacrament heyltūb võ vnſerr fra-wn vnd S. Georgen.

Jn ainer Silbren hohen Monſtrantz geschigkt als ain Thurn võ d̄ Gurtl vnſerr lieben frawen die ſy mit Jren henden gemacht hat. Uon dem kynpagken kaiſer Hainreichs. Sand Tropbin vnd ſand Anna mit mer beyltumb.

 Jn ainer mõ-ſtrontz mit ai-ner Coraln dz heiltumb vn-ſer lieben fra-wen. Sand Ualētin mit mer heiltūb

 Ain ſilbrein ver-gults möſtrentzl darauf vnſer frau-wen pild. Darin vnſer frawn har vn̄ võ ir gurtl. vō ſtain damit man ſand Steffan ver-ſtaint hat mit vil mer beiltumb.

 Jn ainē Sil-brein vgukō pacifical mit dē engliſchen gruſz võ dem Slair marie d̄ ionckfraun vnd von dem pett marie.

b

Der viert vmbgang.
Singt man die Respons. Fuerunt sine querela.

Nun wirt man euch zaigen das Heyl-
tumb der Heyligen zwelffpoten.

 Von Erst zway silbrein pild der hey-ligen zwelff-poten S. phi lip vnd sand Jacob mit irem heyltüb

 Ain Mon-strantz von perlmuter darauff ain weisse plum darinn ain Finger des Heyligen sand Andre.

 Ain guldener Adler darinn das heyltüb S. Johans des heyligen zwelffpoten vnd Ewan-gelisten.

 In ainer alten möstrátz darauf ain drye-kete plum. vō dem krewtz sand Peter vnd des heyl-täbs s. pauls.

 Ain silbreins vergults pild sand Johans des Tauffers darinn sein bei heyltumb

 In ainer Sil-brein vergultn möstrantz mit einem bawbt auf ainer schüs-sel. das heiltüb S. Johans des tawffers

 In sand Jo-háns pildnuss silbrein vn ver-gult Von dem Arm sand Jo-báns des tauf-fers ain mich-ler tail.

 In ainer Sil-brein vergultn möstrantz mit zwein Turnen von dē bawbt vnd ain Zand sand Johans des tawffers.

 Ain hohe silbrein ver-gulte monstrantz mit colin gestaim. darinn das heyltumb der hey-ligen zwelffpoten sand Philip vnd Jacob Des heiligen krewtz S. Barbara. S. wen tzla vñ S. Procopi.

 Jn ainem Silbrein vbgultn prustpild. von dē baubt sand Andre des zwelfpoten

 Ain kreütz vonn dem holtz dar on sand andre gekrewzigt ist worden.

 Jn Ainer Silbrein vergulten mōstrantz vonn dem haubt S. Jacob des merern.

 Ain prustpild von dē bawbt sand Jacob des mynderu.

 Jn ainer Silbrein mōstrātz mit perlmuter vergult darauf ain ban. darin des hawbtes sand barnabe.

 Jn Ainer silbrein vergultn monstrantz vō dem Arm der zwelfpotn sand Philipp vnd Jacob.

 Ain arm sand Bartlme Beziert mit silber vnd gold.

 Ain silbreine vergulte monstrauntz Mit zwain Englu darinn dz heiltumb s. barttme vnd s. Valentein.

 Ain silbrein v gulte mōstrātz darin das heiltūb sand Andre. sand Achaci vnd seiner gselschafft.

 Ain allte Silbreine vergult monstrātz mit zwain Englu darinn võ der rip sand bartl me.

 Ain silbrein v gulte mōstrātz bindoñ mit perl mueter darinn das heyltumb sand Marx vñ sand Veit.

 Jn ainē straussenay geziert mit silber dar inn dz heiltūb sand Peter s. paula. S. Steffan vnd s. Erasim.

b ij

 Ain silbrein möstratz dar inn das heyltumb sand peter vnnd von dem öl sand kathrein.

 In ainer Silbrein vbgultn möstratz oben viereckcet mit dē anplick vn sers herñ dar inn S. Andre S. Christoffen vñ S. helena heiltumb.

 Ain silbrein vbgult plenari mit vnser frawen pild in der mit darin dz heiltumb aller zwelfpotrn.

 Ain guldeine moustratz mit ainem grossen gamahō darin das heyltumb sand Marten des Ewangelisten.

 In ainer Silbrein vergultn möstrantz das Messer sannd Bortlme. vnd von dem Arm S. Steffan.

 In ainer Silbrein möstratz heiltumb sand Andre. sand lucas. sand Georgñ vnd sand Theodorus welher sand georgñ bruder ist gewesen.

 Ain Silbrein vergulte monstratz mit ainer Cristalln dar inn heyltumb von sand Bartlme vnd von dem grab Lasari.

 In ainem grossen silbrein vergulten pectoral mit ainē Crucifix. von der rip S. Bartelme. vnd das heyltumb sand Augustin.

 In ainē weissen pacifical heyltāb sand Thoman des zwelf potn. S. Corbinian S. Ulrich. S. Desideri. f. Calitx ains babsts. S. Clementen vñ S. mauritzn. Auch die birnschal S. Quirin vnd S. Bernharts Rockx.

Der Funfft vmbgang.
Singt wan die Respons. Isti sunt sancti.

Nun wirt man euch Zaigen das
heyltumb der heyligen Marter.

 Ain Silbrein vergults pild vnsers haubthern des cristn martrer sand Steffan. darin ain tail seins Armbs. Auch zwen arm sand Tiburtz vnd Valerian. vnd der arm sand Theodosi auch der arm sand Paulin mit mer heyltumb.

 Ain engel silbrein vbgult mit ainer scheybling Darinn des thuchs darin sand Steffan verstaint ist worden.

 Ain silbrein möstrátz vergult Darinn ains staius mit dem sand Steffan verstaint ist worden.

 Ain silbrein vergult monstrantz von perlmuter Darauf sand Steffans pild. darinn ain stain mit dz sand Steffan verstaint ist worden.

 Ain Silbrein vergullte monstrátz mit sand Cristoffen rip

 Den Arm sand Larentzen in silber geuaßt vnd vergullt.

 Den arm sand Vincentzen in Silber geuaßt vnd vergullt.

 Den Arm sand Veit auf ainer silbrein vbgulten möstrátz

 Den Arm sand Colman in Silber geuaßt vnd vergullt.

 Ain silbrein möstrantz. darauff ain arm Sand Georgen in silber geuaßt.

 Ain Silbrein pild sand Sebastian. an ainer silbrein vbgultn sewl darum sein heyltumb.

b iij

 Ain filbrein vbgults pild Sand Steffans mit seinem heiltūb

 In ainer hohen silbrein mostrātz mit ainer parilln sand pangratzen hawbt

 In ainem vbglasten Silbrein vergulten Sarch zway hawbt Cosme vnnd damiani.

 In ainem verglasten sarch zway vnschuldige kindl.

 In ainem Cristallein Sarch zway hawbt dō zehen tawsent martrer. das heyltumb Geruasy vnd protbasy vn aspiris der martrer. Auch von dem arm hermetis des martrers.

 In ainem verglasten sarch dz schwaistuch sand Fridrichs dz schwaistuch S. Sophie auch dreier Jūgkfrawn aus den ri. M. iugkfrawn. auch heiltūb sand Elizabeth Archemie vnd Constantie.

 In ainem staynen Sarch der leichnam sand Dcicoli. daber das heyltumb patricy vn marcelli d martrer vn s. Corpofori ains priesters.

 Ain Silbreins pild sand Georgen. Darinn ronn seinem hawbt.

 Die Pfait sand Georgñ.

 Jn ainē schwaren sarch mit silber beschlagen vnnd vergullt die leichnam ð heiligñ martrer Johānis vnd pauli Geruasy vñ protasy Felicis vnnd Adaucti.

 Aber Jnn ainem schwaren Sarch mit silber beschlagen vnd vergult ð leichnam ðer heyligen martrer sand Urban. Trophin Theodori vñ Sophie.

 Ain silbrein maria pilo Darinn das beiltūb sand Georgē. ð aindlestaw send maid. vñ sand Felicitas.

 Ain greyffenkla mit silber beschlagen darauf sand Colmans pilo vergullt Darynn von Sand Colinan arm von sand Georgen hawbt. Und das beyltūb kaiser bainrich.

 Ain greiffnkla mit silber beschlagen vergullt darauf sand Cristoffñ pilo silbrein vnd vergult. Darinn von den bawbtern Geruasy vnd Prothasy der heiligen Martrer Auch beiltumb der zehentausent martrer.

 Jn ainer Silbrein mōsträtz beiltumb sand Vincentzñ vñ sand bernbardin.

 Ain silbrein monstrātz darinn sand Achaci mit seiner geselschaft. auch S. Sebastian vñ fabiā beiltūb

 Ain Silbrein vergulte mōsträtz darin s. larentzen vñ an der beyltumb.

 Ain silbrein pilo sand steffan Darinn des stains damit sand Steffan versteint ist wordñ. Auch s. Theodori s. Georgñ brūder beiltumb sand Lazarus pischof vnd martrer. vnd der heiligen syben brueder genant die siben slaffer.

b iiij

Der Sechst vmbgang.

Sing man die Respons Absterget.

Nun wirt man euch zaygen das Heyltumb der Heyligen marterer.

 In ainé silbrein vergulten prust pild dz haubt s. vrbá des babst vnd marterer dz heiltumb sand Sixt vñ das haubt sand Zenopy.

 Aber inn ainem silbrein vergultñ prustpild des haubts s. Ypoliti des martrer.

 Ain Silbrein pild sand Cristoffl dar inn seyne heiltübs.

 Ain silbrein möstrantz darauff sennd Sixten pild dar in sand hirtñ haubtsand Laurentzn sand vincentzen vnd sand Ypolit.

 Ain silbrein ů gulte möstráts vorn mit ainé glas. darin vō dē haubt saud Sebastian vñ sand Fabian.

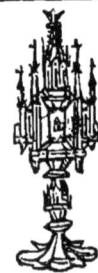 In ainer Silbrein vergultñ monstrantz ain zanno sand Quirin auch ain zanno sand Barbara.

 In ainer scheyb ligñ möstrárz silbrein vñ vergult binden mit perlmüter. das heyltumb sand Steffan S. Larentzñ S. Ulrichs S. margaretñ vñ S. kathrein.

 In ainer Silbrein vergulten möstrantz das heyltüb sand Achacij vnd seiner geselschafft.

 In ainer möstrantz geschikt als ain han auf ainé silbrein vergulten fuess vō ainē arm s. sebastian. das heyltüb sand cristoffen sand Jeronimus sand lucas des ewangelistñ vñ Sant veit

 In ainer Sil‐
brein mösträtz
als ein han. das
heiltumb sand
mauritzn auch
vonn der wid
Sannd Col‐
mans.

 In ainem ge‐
zierten strauſ‐
senay darauf
Sand Blasy
pischo mit seiné
heyltumb vñ
S. agnesen

 In ainem
grossñ horn
dz heyltüb
Sand ew‐
flachy.

 In ainé halbn
strawssnay das
hawbt Sannd
leodogari ains
bischofs vnd
martrer.

 In ainé gezier‐
tñ strawssenay
das beyltumb
Sand larentzil
sand lamprecht
vñ sád luccin.

 Aber in ainem
getzierttñ strauſ‐
senay das heyl‐
tumb Sád In‐
lian des mar‐
trer vñ von dē
rogk Sand an‐
thoni.

 In ainem wol‐
gezierttñ strauſ‐
senay darauf ain
pellican darin
ain all S. Erasm.

 In ainer Sil‐
brein vergultñ
monstrantz dz
heyltomb sád
larentzn. sand
cristine vñ der
aindlefstawsent
Junkfrawen.

 In ainer Sil‐
brein vergulten
monstrantz mit
ainer Cristallen
das heyltumb
Sand larentzn
vñ von dem auch
Sand Niclas.

 In ainem Cri‐
stallein kopflein
sand mauritzu
beyltumb.

 Den Spies
sand Georgñ.

 Ain Silbrein
Wild S. Ge‐
orgen auf aine
filbrein vergul‐
ten sua mit sei‐
nem beyltumb

Die Lantzen sand mauritzñ

In ainē wolgezierten cristallein sarch dz heiltūb Fortunatie ainer iūgkfrawen vñ martrerin. Carponi vñ Enegasti vnd pristiani irer brud. von dē leichnā sand kunigund s. wilmoidis ainer iungkfrawen. sand Otuli sand Cordule sand Irmigardis der iungkfrawen. auch dabei iren kinnpagken dz haubt s. Justine. den arm s. Maurici. den arm s. fosessian. den arm s. gebhard ains abbts. dabei von seiner alben vnd humeral den arm sand Cordule. vnd heiltumb sand Wilhalm.

Aber in ainem Cristallein sarch die arm Canciani Cancsonilli der martrer. Den arm Justine der iungkfrawen. Den arm sand Thuringi. Ain Rip Albini ains bischofs von Brichsen. Den arm sand Wilhalm. Den arm sand Vincencie ainer iungkfrawen. Der ketn sand Clementis. Ain al sand Erasm vnd sand Otilia psait.

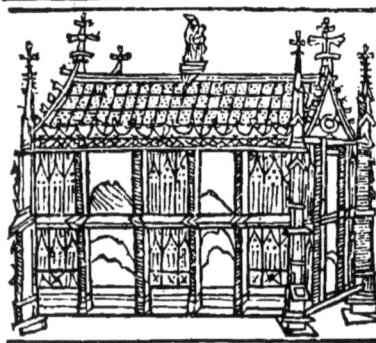

In ainem grossen silbrein sarch dz hawbt sand Andre. Aus den zwain vñ sibenzig Jungern Des heiltumbs sand Sirten vnd sand Gregori nazāzeni. Das hawbt sand Wacbi. Die hawbt Prūmi vnd Feliciani der martrer. dz hawbt sand Zenopi. sand Leontin. Das heiltūb s. Victor. sand Candidi der martrer. Vier leichnam der zehen tawsend ritter. Der leichnam Maximini. sand Columbin. Ain tail des leichnambs sannd Marx des Ewangelisten Vnd der arm sannd Paulein.

Der Sibent vmbgang.

Singt man die Respons. Sint lumbi.

Nun wirt man euch zaigen das Heyltumb der Heyligen Peychtiger.

 Uon Erst ain silbrein bohe möstrátz darin heiltumb sant Jeronimus vnd sant Augustin.

 In ainer Silbrein vergultñ monsträtz ain Zannd sannd Gregori vnnd ain Zand sand Agatha.

 Ain silbrein vgulter arm darinn d arm sand Niclas

 Ain silbrein arm darinn der arm S. Procopi.

 Ain silbrein arm vnden vergult dar inn der arm S. Sebold.

 In ainē silbrein vergultñ sarch die schulter sand Maximilian.

 In ainer cristallein möstrantz die hand sannd paternian mit dem fleisch

 Ain Silbrein möstrantz darinn sand Steffan des kunigs von Hungern arm.

 Ain Silbrein vergults pild s. Niclas mit seinem heiltumb

 In ainer Silbrein möstrátz vergult. dz kin pain sand Wilholm.

 In ainer cristallein monstrantz vō dem arm sand Erbaros vñ hermetis.

 In ainer Silbrein vergultñ möstrantz das heiltumb sand Ruoprechts Victoris vnd Fabiani.

 In ainer Silbrein vergultn mōstrantz das heiltumb sand Anthoni sand Kungund vnd sand Agnes.

 In ainer monstrātz von perl muter dz heiltūb sand Martein.

 In ainer Silbrein vergultn mōstrantz des Rogks sand marcell.

 In ainer silbrein vergulten monstrantz mit ainer schellen das heiltumb sand Uirgily sand Sigmund vnd sand Larentz.

 Ain silbrein vgulte mōstrat darauf ain Crucifix darinn das heiltumb sand Wolfgang vnd sand Barbara

 Sand Rueprechts kelch mit ainer Paten.

 Ain bultzeiner kopf sand Ulrichs.

 Sand vlrichs schwert.

 Kaiser karls schwert.

 In ainē silbrein vgaltē krewsln das heyltumb sand Oswald sand Cristoffen vnd sand Tecle ainer iunghfrawen.

 In ainem cristallein kopflen das heiltumb sand albrechts

 Aber in ainem cristallein kopflein dz heiltūb Lucy ains kunige von Enngellano.

In ainer silbrein vergulten Kepsen das heiltub sand Gregori.

In ainer silbrein möstratz das heyltumb S.Siluester S.Niclas f. Augustin S Bndict S. Marcus vnd S.meinrad.

In ainē bellffenpainen sarch ō leichnamb Sand Friuellin. auch der leichnam sand Ferene.

In ainē Joipid ein sarch d3 heiltumb S.morand Anthonij des grossern Sebastiani Fabiani vñ Wimeri.

Ain parillein möstratz darin S.Niclas S.wolfgang Kaiser hainrichs heiltub vnd von sand vrbans finger

In ainer Silbrein Monstratz des san sand vlreichs vō dē leichnā S. Friuellin vñ heyltumb der vnschuldigū kindlen

Ain silbrein pild sand Leopolds darinn heiltumb vō der Archen Noe.

Ain Silbreins pild sand Ludwigs darinn d3 heyltumb des heiligen Sand Gilgen vnd S Dyonisy.

In ainē silbrein gezierten arm ain Rip sand Ualteins des marterer. ō arm Longinides ritters. Vnd ain arm sand Symeon.

Der Acht vmbgang.
Singt man die Respons. Regnum mundi.

Nun wirt man euch zaigen das beyltumb der heyligen Junngkfrawen.

 Ain silbrein pild sand mar-grecen darinn heiltumb der aindlff tau-send maid.

 In ainem sil-brein vergul-ten prustpild des haubts sand Barba-ra.

 In ainem sil-brein vergul-ten pild auff ainem stuel das heyltūb sand Doro-the.

 In ainem sil-brein vergul-ten prustpild vō dē haubt sand Agne-sen.

 Aber in ainē silbrein vgul-ten prustpild des haubts sand Regina

 Ain Silbrein pild sand Ag-nes darin ires auch s. Adel-hild der iunk-frawen vnnd d xj. tawsent maid heiltūb

 In Ainer sil-brein vergultn mostrantz ain ripp sand Ma-ria magdalene

 In ainer silbrein ver-gulten Monstrantz ains fingers sand ka-threin. Des Golds der heiligen drei ku-nig. auch des golds das sand Niclas hat gebn den Tochtern des armen mans.

 Ain Cristal-lein mostrātz darinn zwen Finger sand Margreten.

 In ainer Cri-stallein Monn-strantz von dē arm sand Elisa-beth.

 In ainer Sil-brein vergultn monstrātz der Klaider sand Elizabeth.

 In ainer Cri-stallein Mon-strātz. Des tu-chs darin sand Katherina ent-hawbt ist wor-den.

 In ainer Cristal lein monstrantz darauf ain krewtzl. das heyltüb sand Petrnoell Concordie vnnd Cordule.

 In ainer Crisfal lein monstrantz darauf ain kreytz Das Künpain sand Agathe vn heyltumb sannd Florentz.

 In ainer cristal lein klain monsträtz. des hars Marie Magdalene. Auch des hars sannd Cecilie.

 In ainer Silbrein vergulten Monnstrantz geschickt als ain Thurn darinn das heyltumb sannd Ursula mit annderm heiltüb.

 In ainer mönstrancz mit ainem prustpild des hawbts sand Ursula.

 Ain silbrein vgulter arm Darinn der Arm sannd Helena.

 Ain silbrein vgulter arm darinn die hannd vnd der Arm sand Ewfemia.

 In ainer Silbrein Monnstrantz mit ainer parilln das heiltumb sand Agnesen.

 In Ainer Silbrein vergultn möstrantz darauf sand Margretn pild. das heiltumb sand Margreten.

 In ainē horn mit ainer jŭkfrawen pild des haubts sand Barbara.

 In ainer kleinen parillein monnstrancz das heyltüb potentiane d Junkfrawn

 In ainer silbrein Mōnstrātz dz heiltumb Sand Otilia sannd Kunngund Felicis vnnd Adaucti.

 In ainem Silbrein vergultn krewst darauf ain plab stain das heiltumb sand katbrein vnd sand Agnes.

 In ainer Silbrein gulltten vieregkctn möstrātz das heyltūb s. Lucia vñ der xj. Tausend Junnkfrawen.

 In ainer Silbrein möstrātz das heiltumb sand Anna. võ dem Röst sand Lerenzen vnd sand Lienhartß.

 In ainem wolgezierten sarch der fues sand Marin ainer iūgkfrawñ.

 In ainer hohen Silbrein vergulten monstrantz das heiltumb sand Felicitas mitner beyltumb.

 In ainer neuwen Silbrein Monstrantz der arm sand Justine.

 In Ainer Silbrein möstrātz das heyltumb sand Kethrein vnd sand Dorothe.

 In ainer belfenparnicin monstrantz das heyltrumb sand Dorothe. d xj. tawsend maid. vnd sand Ferona ainer Junnkfrawen.

 In ainer Silbrein möstrātz beylkumb von der stat dar an Christus geborn ist Auch Heyltrumb vnser liebñ frawen S. Cristof. S. Georgen. S. Niclas. vñ S. Dorothe.

 Ain silbrein pilo sand Kathrein Mit irem heiltūb.

In ainer silbrein möstrātz mit dreien vergultñ pilden heiltūb sand Margrethñ. vō dem kreytz sand peter vnd sand Bartlme mit nier beiltūb.

Ise yetz angezaigte heiltumb stugk vnd klainet sind alle in der Schatzkamer benantes wirdign gotshaws aller heiligenn Thuemkirchen sand Steffans behallten beschlossen vnd bewart Noch vber das habē die Erwirdigen hochgelerten Ersamen vnd geistlich herren: die korherren Beneficiaten vnd briesterschafft der selben kirchen beson der vil heiltüm kreytz monstrantzen pild vnd andere klainat auch sand Steffan zuegehorig die hieryn mit sambt aller Clöster vnd andere gotshewser heyltumb vn klayneten ausgeschlossen vnnd in disz puchl nit gedrugkt sein. In sonderhait zuinergken das noch drey er heyligñ Cörper mit namen Sand Steffan von armenia. sand Conrat vn sand Ymbricus kirchferter in ainem Sarch vngeuaslet vn sonst ain vnschuldigs kindl noch vnuerwesen vnd funf haubt der aindelstausent mayd auch ein heyliger peichtiger Sand morandus vorhāden seih dar zue auch noch vil mer heiligtumbs in bemelter schatzkamer vngeuast liget das alles manigfeltigklicbe von den Cristen menschen angeruefft gelobt vnd geeret wirdet.

Die Beschlusrede

O nun verstanden in was gstalt frwmer lewt gabe allmusen hilf vnd stewer bey rorgenantem wirdigē gotshaws angelegt vnnd neinlich nit anders dann zu gezier des heiltnmbs vn ge pew der kirchen gebraucht wirdet vnnd wen das alles wieuorstet volbracht vnnd das heiltumb gezaigt ist so macht der hochwirdig in got vater vnd bef der bischof zu wienn oder seiner genaden stathalter ein prelat das volgk abberurter grossen gnad vnd ablas tailhastig vn gibt dē Segen mit ainē namhafften vn kostparlichē Stugk des heiligen kreytz Solcher gnad vnd ablas auch aller ander guten wergk so von allen andechtigen menschen in gemeiner Cristenhait got dem almechtigen zu lob vnd ere beschehen welle vns der bailand vn erlediger alles menschlichen geschlechts. vnnser lieber her Iesus christus vmb seins pittern leidē vn sterbn willen parinhertzicklich tailbafftig machē dar zue vns fein hochgelobte mueter die hymlisch konigin vn iūgksraw maria ein warer prün vn vrsprung des ewigen liechts vn ein trost aller sündigen menschen ires furbets nit verzeiche auch allen gelaubigū selen vn vns nach disem zergengklichen leben dz himlisch vater land erwerbe. des belliff vns got der vater got der sun vnd got der heilg geist Amen.

⁋ Wer nach in disem Kalender ist klerlich begriffen die genad vnnd ablas so man bey vorgenanter aller heyligen Thuernkirchen Sand Steffans ieglich erlangen mag.

KL Januarius
Jenner hat xxxj.tag

1	A	Die beschneidung Christi	xiiij.M.v.C.xciiij.tag
2	b	Der acht Sand Steffan	riij.M.C.x.tag
3	c	Der acht Sand Johanns	vj.M.iiij.C.x.
4	d	Der acht aller Kindlein	iiij.M.iij.C.lxx.
5	e	Sand Seuerin peychtiger	iiij.M.iij.C.lxx.
6	f	Der heyligen drey Konig tag	ij.M.v.C.xviij.tag
7	g	Sand Valentin bischof	M.vij.C.lxxvi.
8	A	Sand Erhart bischof	ri.M.ij.C.xxi.
9	b	Sand Julian mit seiner gesellschaft	vj.M.iiij.C.vi.
10	c	Sand Paul der erst ainsidl	vi.M.iiij.C.vi.
11	d	Sand Gregori bischof	vj.M.iiij.C.vj.
12	e	Sand Othart martrer	vi.M.iiij.C.vj.
13	f	Achtist der heiligen drey Konig	vj.M.iiij.C.vi.
14	g	Sand Felix briester vnd martrer	
15	A	Sand Maurus abbt	
16	b	Sand Marcellus babst	
17	c	Sand Anthonius peychtiger	ij.C.l.
18	d	Sand Prisca iungkfraw	
19	e	Sand Germanicus martrer	
20	f	Sand Sabian vnd Sebastian martrer	iij.M.ij.C.xx.tag
21	g	Sand Angnes iungkfraw	ij.M.iij.C.lxv.
22	A	Sand Vincentz martrer	ij.M.viij.C.xxxi.
23	b	Sand Emerantiana iungkfraw	M.iij.C.lx.
24	c	Sand Thimotheus zwelfpot	M.iij.C.lx.
25	d	Sand Pauls bekerung	vj.M.vj.C.l.
26	e	Sand Policarpus briester	ij.M.ij.C.x.
27	f	Johannes crisostomus	iij.M.ij.C.x.
28	g	Der acht Sand angnes	iij.M.ij.C.x.
29	A	Sand Valerius bischof	M.viij.C.lx.
30	b	Sand Aldegund iungkfraw	M.viij.C.lx.
31	c	Sand Virgilius bischof	M.viij.C.lx.

c ij

KL Februarius
Hornung hat xxviij. tag

1	d	Sand Brigida iungkfraw	M.viij.C.lx.
2	e	Unnser Fawen lie chtmes	viij.M.ix.C.xxiiij.
3	f	Sand Blasi bischof	M.C.
4	g	Sand Files bischof	ix.C.lxx.
5	A	Sand Agatha iungkfraw	iij.M.lxx.
6	b	Sand Dorothea iungkfraw	iij.M.iij.C.v.
7	c	Sand Argulius bischof	ix.C.lxx.
8	d	Sand Dionisy bischof	ix.C.lxx.
9	e	Sand Apolonia iungkfraw	ix.C.lxx.
10	f	Sand Scolastica iungkfraw	
11	g	Sand Desiderius bischof	C.xx.
12	A	Sand Anastasia iungkfraw	
13	b	Sand Steffan bischof	
14	c	Sand Valentin martrer	
15	d	Sand Faustinus martrer	
16	e	Sand Juliana iungkfraw	
17	f	Sand Polocronius bischof	
18	g	Sand Simeon bischof	
19	A	Sand Gabinus priester	
20	b	Sand Eucharius bischof	
21	c	Acht vnd achtzigk martrer	
22	d	Sand Peter stuelseyer	¶ Vanfast
23	e	Zwen vnd sibentzigk martrer	
24	f	Sand Mathias zwelfpot	vij.M.iiij.C.xx.
25	g	Sand Walpurg iungkfraw	ij.M.vij.C.xx.
26	A	Sand Alexander bischof	
27	b	Sand Julian martrer	iiij.M.xL.
28	c	Sand Romanus abbt	iiij.M.xL.

¶ Am Aschermittich iiij.M.xl.

KL Marcius

Mertz hat xxxj. tag.

1 d Sand Albinus matrer   iij. M. xl.
2 e Sand Simplicius babst   iiij. M. xl.
3 f Sand Kunegund iungkfraw. iiij. M. xl.
4 g Sand Lucius babst.   M. iij. C. xj.
5 A Sand Victor vnd victorin. M. iij. C. xj.
6 b Sand Foca ain bischof   M. iij. C. xj.
7 c Sand Perpetua vnd Felicitas iungkfrawen M. iiij. xj.
8 d Sand Pontius ewangelier M. iij. C. xl.
9 e Sand Candius martrer.   M. iij. C. xj.
10 f Sand Alexander bischof. M. iij. C. xj.
11 g Viertzigk martrer.   M. iij. C. xj.
12 A Sand Gregori Babst.   v. M. iiij. C. lx. tag
13 b Sand Theusethe martrer. M. vij. C. tag
14 c Sand Zacharias prophet. M. vij. C. tag
15 d Sand Lucius bischof.   M. vij. C. tag
16 e Sand Ciriacus martrer.   M. vij. C. tag
17 f Sand Gerdraud iungkfraw M. vij. C. tag
18 g Sand Alexander bischof. M. vij. C.
19 A Sand Joseph phleger Christi. M. vij. C.
20 b Sand Gurbert bischof.   M. iij. C. xj.
21 c Sand Benedict abbt.   M. iij. C. lx.
22 d Sand Paulinus bischof.   M. iij. C. xj.
23 e Sand Victorian martrer. M. iij. C. xj.
24 f Sand Pigmenius briester. M. iij. C. xj.   ⁋ Vanfast.
25 g Verkonndung Marie.   x. M. ij. C. xiiij.
26 A Sand Castulus martrer.   v. M. iij. C.
27 b Sand Rueprecht bischof. ij. M. iij. C.
28 c Sand Priscus vnd Malchus ij. M. iij. C.
29 d Sand Maria egipciaca.   v. M. iij. C.
30 e Sand Quirinus martrer.   ij. M. iij. C.
31 f Sand Regulus bischof.   v. M. iij. C.

c iij

KL Aprilis

Aprill hat xxx tag

1 a Sand Theodora iungkfraw ij.M.iij.C.
2 A Sand Vincentz bischof M.iij.C.x.
3 b Sand Theodosia iungkfraw M.iij.C.x.
4 c Sand Ambrosy bischof v.M.iij.C.x.
5 d Sand Mariana iungkfraw M.vij.C.
6 e Sand Alexandrin martrer M.vij.C.
7 f Sand Celestin babst M.vij.C.
8 g Sand Perpetini bischof M.vij.C.
9 A Siben Jungkfrawen M.vij.C.
10 b Sand Anthoni martrer M.vij.C.
11 c Sand Philipp bischof M.vij.C.
12 d Sand Juli bischof M.iij.C.x.
13 e Sand Ewfenia iungkfraw M.iij.C.x.
14 f Sand Tiburtz vnd Valerian martrer vij.M.C.lxxv.
15 g Sand Olimpiades martrer vij.M.C.lxxvj.
16 A Sand Vincentz babst vij.M.C.lxxvj.
17 b Sand Peter ewangelier vij.M.C.lxxvj.
18 c Sand Eleutherius bischof vij.M.C.lxxvj.
19 d Sand Vincentz bischof vij.M.C.lxxvj.
20 e Sand Genesy martrer vij.M.C.lxxvj.
21 f Sand Simeon bischof M.vij.C.lxxvj.
22 g Sand Gaius babst M.vij.C.lxxvj.
23 A Sand Albrecht bischof M.vij.C.lxxvj.
24 b Sand Georg martrer v.M.lxxvj.
25 c Sand Marcus ewangelist v.M.x.C.xcvj.
26 d Sand Cletus babst ij.M.C.xxiij.
27 e Sand Anastasius babst ij.M.vij.C.xxvj.
28 f Sand Vital martrer ij.C.l.
29 g Sand Germanus bischof ij.C.l.
30 A Sand Quirinus bischof ij.C.l.

¶ Am Reintag v.M.ij.C.lx.
¶ Am Ostertag ix.M.v.C.
¶ Am Achtisten des Ostertag iij.M.iiij.C.

K ij

Maius

Map hat xxj. tag

1	b	Sant Philip vnd Jacobs t[ag] Walpurg	vij.ſd.ij.C.xx.
2	c	Sant Athanaſy biſchof	iij.ſd.lxx.
3	d	Erfindung des heyligen krewtz	vij.ſd.iij.C.lxvj.
4	e	Sant Florian martrer	ij.ſd.C.ri
5	f	Sant Gothart biſchof	ij.ſd.C.xl.
6	g	Sant Johanns vor der lateiniſchen porten	ij.ſd.C.l.
7	A	Sant Benedict babſt	ij.ſd.C.xl
8	b	Sant Victor martrer	ij.ſd.C.xl
9	c	Gregorius nazarenus	
10	d	Sant Gordian vnd Epimachus	
11	e	Sant Mamertus biſchof	
12	f	Sant Pangratz mit ſeiner geſelſchaft	iij.C.xlv.
13	g	Sant Seruacius biſchof	
14	A	Sant Bonifacius martrer	
15	b	Sant Sophia Jungkfraw	
16	c	Sant Peregrinus biſchof	
17	d	Sant Torpetus martrer	
18	e	Sant Feliciſſimus vnd Agapitus martrer	
19	f	Sant Potenciana Jungkfraw	
20	g	Sant Baſilla Jungkfraw	
21	A	Sant Valeus martrer	
22	b	Sant Helena Jungkfraw	
23	c	Sant Deſiderius biſchof	v.ſd.vij.C.xxvj.
24	d	Sant Dominicus peychtiger	v.ſd.viij.C.lxxj.
25	e	Sant Vrbanus babſt	v.ſd.viij.C.xxvj.
26	f	Sant Auguſtin biſchof	v.ſd.viij.C.xxvj.
27	g	Sant Johanns babſt vnd martrer	v.ſd.viij.C.xxvj.
28	A	Sant Germanus biſchof	v.ſd.viij.C.xxvj.
29	b	Sant Maximus biſchof	v.ſd.vij.C.xxvj.
30	c	Sant Felix babſt	
31	d	Sant Petronella Jungkfraw	

Am Auffartag vij.ſd.ij.C.viij.

c iiij

Junius

KL Brachmonat hat xxx.tag.

1	e	Sand Nicodemus martrer	vij.M.vj.C.lxxxiij.
2	f	Sand Marcell vnd peter martrer	vj.M.vj.C.xxvj.
3	g	Sand Erasm bischof	vj.M.vj.C.xxvj.
4	A	Sand Quirinus bischof	vj.M.vj.C.xxvj.
5	b	Sand Bonifacius bischof	vj.M.vj.C.xxvj
6	c	Sand Vincentz vnd Benignus martrer	vj.M.vj.C.xxvj.
7	d	Sand Celestinus babst	vj.M.vj.C.xxvj.
8	c	Sand Medardus bischof	vj.M.vj.C.xxvj tag
9	f	Sand Primus vnd Felicianus martrer	vj.M.lx.
10	g	Sand Getulius martrer	vj.M.lx.
11	A	Sand Barnabas zwelfpot	vj.M.lx.
12	b	Sand Cirinus mit seiner gesellschaft	vj.M.lx.
13	c	Sand Anthoni peichtiger	
14	d	Sand Blasy Ertzbischof	
15	e	Sand Vcit Modestus vnd Crescentia	xiij.M.iij.C xxvj
16	f	Sand Aurius vnd Justinus martrer	v.M.H.C.lxvj.
17	g	Zwen vnd viertzigk martrer	v.M.ij.C.lxj.
18	A	Sand Marcell vnd Marcellian	v.M.ij.C.lxvj.
19	b	Sand Gervasy vnd prothasy	v.M.ij.C.lxvj.
20	c	Sand Regina Jungkfraw	
21	d	Sand Alban martrer	
22	e	Sand Achatz mit seiner gesellschaft	
23	f	ℭ Wanfast	
24	g	Sand Johanns gothawffer	vj.M.C.xx.
25	A	Sand Gallicanus martrer	v.M.xxviij.
26	b	Sand Johanns vnd paul martrer	v.M.xxviij.
27	c	Die siben schlaffer	v.M.xxviij.
28	d	Sand Leo babst	v.M.xxviij. ℭ Wanfast
29	e	Sand Peter vnd pauls	xiij.M.vj.C.lviij.
30	f	Sand Paulus gedechtnus	xviij.M.viij.C.lxviij.

ℭ Am Pfingstag xiij.M.iiij.C.tag
ℭ Am tag der Driualtikait vj.M.viij.C.lxvj.tag
ℭ Am heyligen fronleichnam tag vj.M.iiij.xxiij.

KL Julius

Hewmonat hat xxxj. tag

1	g	Achtift sand Johanns gotttauffers	xiij.M.v.C.viij.
2	A	Unser frawn besuechūg. Proceß vn martinis	ix.M.iij.c.lx.
3	b	Erhebung sand Thomans zwelfpoten	ix.M.iiij.c.lx.
4	c	Sand Ulrich bischof	x.M.viij.C.xliij.
5	d	Sand Demetry martrer	x.M.iiij.C.lx.
6	e	Achtift sand peter vnd pauls	ix.M.iiij.C.hx.
7	f	Sand Willibald bischof	ij.M.vij.C.xl.
8	g	Sand Kilian mit seiner gesellschaft	iij.C.x.
9	A	Erhebnng sand Niclas	
10	b	Siben brueder	
11	c	Erhebung sand Benedict	
12	d	Sand Margret Jungkfraw vnd martrerin	v.M.ix.C.xlv.
13	e	Sand Henrich kaiser	ij.C.lxx.
14	f	Sand Foca bischof	iij.C.lxx.
15	g	Der zwelfpoten schidung	iij.C.lxx.
16	A	Sand Hilarius martrer	iij.C.lxx.
17	b	Sand Alex beichtiger	iij.C.lxx.
18	c	Sand Arnolfus bischof	iij.lxx.
19	d	Sand Arsenius beichtiger	iij.C.lxx.
20	e	Sand Helias prophet	
21	f	Sand Braxedis Jungkfraw	
22	g	Sand Maria magdalen	vj.M.C.xv.
23	A	Sand Apollinaris martrer	v.M.iij.C.lxx.
24	b	Sand Cristina Jungkfraw	C.lxx. Wanfast
25	c	Sand Jacob zwelepot S.Christof martrer	iiij.M.viij.c.lxxv.
26	d	Sand Anna vnser frawen mueter	ij.M.ij.C.lxx.
27	e	Sand Hermolaus priester	iij.C.lxx.
28	f	Sand Panthaleon martrer	iij.C.lxx.
29	g	Sand Felix Simplicius Faustinus	iij.C.lxx.
30	A	Sand Abdon vnd Sennen martrer	
31	b	Sand Germanus bischof	

KL Augustus

Augst hat xxxj. tag

1 c Sand Peter kettenfeyer
2 d Sand Steffan babst
3 e Erfindung Sand Steffan martrer vij.ID.C.xliiij.
4 f Sand Valentin martrer iij.C.lxx.
5 g Sand Oswald konig Marie schneefeyer iiij.C.xx.
6 H Sand Sixt babst iij.C.lxx.
7 b Sand Affra martrerin ID.v.C.xl.
8 c Sand Ciriack martrer ij.C.lxx.
9 d Sand Ionian martrer iij.C.lxxj.
10 e Sand Larentz martrer vij.ID.xl. ¶Panfast
11 f Sand Tiburtz martrer v.ID.vij.C.xx.
12 g Sand Clara iunckfraw v.ID.vij.C.xx.
13 H Sand Hypolitus martrer v.ID.vij.C.xx
14 b Sand Ewsebius peychtiger v.ID.vij.C.xx. ¶Panfast
15 c Unser Frawen schidung xiiij.ID.vj.C.lxiiij.
16 d Sand Arnolff bischof xj.ID.ix.C.xvj.
17 e Achtist sand Larentzen xj.ID.ij.C.xvj.
18 f Sand Agapitus martrer vj.ID.ij.C.vj.
19 g Sand Marignus martrer vj.ID.ij.C.vj.
20 H Sand Steffan konig von bungern vj.ID.ij.C.vj.
21 b Sand Privatus martrer vj.ID.ij.C.vj.
22 c Sand Thimotheus vnd Symphorianus vj.ID.ij.C.vj.
23 d Sand Donatus martrer ¶Panfast
24 e Sand Bertime zwelfpot vj.ID.vij.C.lxx.
25 f Sand Genesi martrer ID.C.
26 g Sand Sireneus martrer ID.C.
27 H Sand Ruffus martrer ID.C.
28 b Sand Augustin bischof vj.ID.xv. iij.ID.vij.C.lx.
29 c Sand Johannes gotstauffer enthauptung
30 d Sand Felix vnd Adauctus ID.C.
31 e Sand Paulinus bischof ID.C.

September

KL Herbstmonat hat xxx. tag

1 f Sand Egidius ebbt xx.C.lx.
2 g Sand Emericus hertzog
3 A Sand Anthoni martrer
4 b Sand Marcell martrer
5 c Sand Benebald bischof
6 d Sand Mangnus peychtiger
7 e Sand Regina iungkfraw
8 f Unnser frawen gebure viij. MD. ix. C. lxxxiiij.
9 g S. Gorgonius mr S. Kunigund iungkfraw vj.MD.vj.C.lxvi
10 A Sand Theodardus bischof vj.MD.vj.C.xxvj.
11 b Sand Prothus vnd Jacinctus martrer vj.MD.vj.C.xxvj
12 c Sand Waternus martrer vj.MD.vj.C.xxvj.
13 d Sand Maurilius bischof vj.MD.vj.C.xxvj.
14 e Erhebung des heyligen kreytz vj.MD.ix.C.lxxxvj.
15 f Sand Nicodemus martrer vj.MD.vj.C.xxvj.
16 g Sand Ewfemia iungkfraw
17 A Sand Lamprecht bischof S. Regnifrid martrer lxxx.tag
18 b Sand Florentius bischof
19 c Sand Januari mit seiner geselschafft
20 d Sand Fausta iungkfraw ¶ Pfanfast
21 e Sand Matheus zwelfpot vnd ewangelist rij.MD.xx.
22 f Sand Mauritz vnd sein geselschafft iij.MD.vij.C.ixx
23 g Sand Tecla iungkfraw iij.MD.C.lxx.
24 A Sand Ruprecht bischof iij.MD.C.lxx.
25 b Sand Firminus martrer iij.MD.C.lxx.
26 c Sand Cipzianus bischof vnd martrer iij.MD.C.lxx.
27 d Sand Cosmas vnd Damianus iij.MD.C.lxx.
28 e Sand Wentzeslaus hertzog iiij.MD.v.C.xx.
29 f Sand Michael ertzengl vj.MD.ij.C.ix.
30 g Sand Iheronimus briester iij.MD.iiij.C.lx.

October

Weinmonat hat xxxj. tag.

1	a	Sand Remigi mit seiner gesellschaft	ij.M.iij.C.jr.
2	b	Sand Leodogarius martrer	M.iij.C.lr.tag
3	c	Sand Supplitius vnd Seruilianus	M.iij.C.lr.
4	d	Sand Franciscus peichtiger	M.iiij.C.
5	e	Sand Claman bischof	M.iij.C.lr.
6	f	Sand Fides Jungkfraw	M.iij.C.lr.
7	g	Sand Sergius vnd bachus	iij.C.lr.
8	A	Sand Demeter martrer.	
9	b	Sand Dionisy mit seiner gesellschaft	
10	c	Sand Gerion mit seiner gesellschaft	
11	d	Erhebung sand Augustin	
12	e	Sand Maximilian bischof	
13	f	Sand Colman martrer	v.M.v.C.lrv.
14	g	Sand Calixtus babst	
15	A	Sand Fortunatus martrer	
16	b	Sand Gallus abbt	ij.M.rl.
17	c	Sand Martha Jungkfraw	M.
18	d	Sand Lucas ewangelist	v.M.v.C.l.
19	e	Sand Januarius mit seiner gesellschaft	ix.C.xl
20	f	Sand Quirinus martrer	ir.C.rl.
21	g	Sand Ursula mit irer gesellschaft	iij.M.ir.C.rl
22	A	Sand Severus bischof	ir.C.rl.
23	b	Sand Severinus bischof	ir.C.rl.
24	c	Sand Maglorius peichtiger	ir.C.rl.
25	g	Sand Crispinus vnd crispinianus martrer	ir.C.rl
26	e	Sand Amandus bischof	
27	f	¶ Vanfast.	
28	g	Sand Symon vnd Judas zwelfpoten	vj.M.iiij.C.
29	A	Sand Narcissus bischof	ij.M.C.
30	b	Sand Felicianus mit seiner gesellschaft	ij.M.C.
31	c	Sand Wolfgang bischof	ij.M.C. ¶ Vanfast.

KL November
Wintermonat hat xxx.tag

1	d	Aller heyligen tag	ix.M.ix.C.xliij.
2	e	Aller gelaubigen seelen tag	viij.M.vj.C.lxxvj.
3	f	Sand Pirtminus bischof	iij.M.iiij.C.xl.
4	g	Sand Amandus bischof.	iij.M.iiij.C.xl.
5	A	Sand Felix briester	M.iij.C.xl.
6	b	Sand Lienhart abbt	M.vij.C.xlv.
7	c	Sand Bilibroxus bischof	M.iij.C.xl.
8	d	Vier Krönt martrer	M.iij.C.xl.
9	e	Sand Theodorus martrer	
10	f	Sand Ludmilla iungkfraw	
11	g	Sand Martein bischof	vj.M.vij.C.lxv.
12	A	Funfbrueder	v.M.v.C.xl.
13	b	Sand Brictius bischof	v.M.v.C.xl.
14	c	Sand Clementinus mit seiner geselschaft	v.M.v.C.xl.
15	d	Sand Leopold margbgraf	v.M.v.C.xl.
16	e	Sand Otmarus abbt	v.M.v.C.xl.
17	f	Sand Thecla iungkfraw	v.M.v.C.xl.
18	g	Achtist Sand Martein	v.M.v.C.xl.
19	A	Sand Elisabeth wittib	ij.M.iij.C.lxx.
20	b	Sand pontianus bischof	v.C.xl.
21	c	Sand Columbanus abbt	v.C.xl.
22	d	Sand Cecilia iungkfraw	iiij.M.iiij.C.xxv.
23	e	Sand Clemens babst	M.vj.C.ix.
24	f	Sand Crisogonus martrer	M.vj.C.xx.
25	g	S. Katherina iungkfraw vñ martrerin	vij.M.vij.C.lxxv.
26	A	Sand Linus babst. Sand Conrad bischof	iiij.M.ij.C.lxiiij.
27	b	Sand Virgilius bischof	iij.M.xl.
28	c	Sand Ruffus mit seinem hawsgsind	iij.M.xl.
29	d	S. Saturninus vñ sein geselschafft	iij.M.xl. ℂ Vansast
30	e	Sand Andre zwelfpot	ix.M.iij.C.xv.

December

KL Chriſtmonat hat xxxj.tag

1	f	Sand Longinus martrer	ix.M.
2	g	Sand Julianus martrer	ix.M.
3	A	Sand Caſſianus martrer	vij.M.xl.
4	b	Sand Barbara iungkfraw vnd martrerin	viij.M.iiij.C.lv
5	c	Sand Criſpina iungkfraw	vij.M.xl.
6	d	Sand Niclas biſchof	xiij.M.v.C.xl.
7	e	Achtiſt Sand Andre	xj.M.vj.C.xl.
8	f	Empfengknus Mariē	vj.M.ix.C.lxx.
9	g	Sand Leocadia Jungkfraw	M.iij.C.lxx.
10	A	Sand Ewlalia iungkfraw	M.iij.C.lxxx.
11	b	Sand Damaſus babſt vnd martrer	M.iij.C.lxx.
12	c	Sand Hermoginus	M.iij.C.lxx.
13	d	Sand Lucia Sand Otilia Sand Jobſt	viij.M.xlv.
14	e	Sand Nicaſius biſchof	iij.C.lxx.
15	f	Sand Valerian biſchof	iij.C.lxx.
16	g	Sand Annanias S. Azarias. Miſael	iv.C.lxx.
17	A	Sand Ignatius biſchof	iij.C.lxx.
18	b	Sand Ruffus mit ſeiner geſelſchafft	iij.C.lxx.
19	c	Sand Nemeſius biſchoff	ij.C.lxx.
20	d	☽ Vanfaſt	iij.C.lxx.
21	e	Sand Thoman zwelfpot	vj.M.iiij.C.
22	f	Dreſſigk heylig martrer	M.C.xx.
23	g	Sand Victoria iungkfraw	M.C.xx.
24	A	Der heylig abend	M.C.xx. ☽ Vanfaſt
25	b	Der heylig Criſtag	ij.M.xiiij.
26	c	Sand Steffan der erſt martrer	xviij.M.ij.C.iij.
27	d	Sand Johannes zwelfpot vnd ewangeliſt	xj.M.lxx.
28	e	Der Vnſchuldigen kindlein tag	xvij.M.viij.C.lxxvj.
29	f	Sand Thomas von kandlwerg biſchof	xxj.M.vj.C.lvj
30	g	Sand Sabinus biſchof	xvj.M.vij.C.lv.
31	A	Sand Silueſter babſt	xvj.M.vij.C.lv.

Uf den montag nach Sannd Jacobs tag so man czellt nach Cristi vnsers liebn herren geburde fünfzehenhundert vnd ain iar ist diß vorangetzaigt hochwirdig heyltūbvn antlas darmit bemelte wirdige stift aller heiligñ Thuemkirchn S. Steffans wie vorstet võ den heiligñ vater Bebstē Cardineln patriarchen legatē ertzbischouen vn bischouen furgesechn vn begabt also das solich heiltūb vn antlas menigklich geoffenwart vn in erkentnus kōme dardurch die Cristen menschen zu merer andacht entzundet genaigt vn bewegt auch dz hail irer selen destpaß betrachten mögen zuuoran got dem allmechtigē der lobsamen iungkfrawen marie allem hymelischn bere vn beruertem heiltumb zu lobe vn ere auch allen gelaubigen seln vn den andechtigē menschen zu billf vnd trost mit gunst vnd willen der Ersamē hochweisen herrn Burgermaister vn rate der Loblichn stat wienn vn nemlich aus sonderm fleisse vnd darlegen Mathewsen hewpperger auch der zeit des rate vnd burger daselbs betracht angeben vnd zu samen gezogñ Und nachmals diß puchl Nach cristi gepurde. Tausent funfhundert vnd zway iar durch Johannē Winterburg auch burger daselbs zu Wienn gedrugkt vnd zu endbracht

TITEL UND NACHTRÄGE

DER

AUSGABE VON 1514.

In disem Buechl sein Alle vnnd rede Stuckh
des hochwirdigen Hayltumbs der zeit In aller heyligenn
Thumkirchen Sant steffan der stat Wienn in Osterreich
verhandē vnd albeg den nagstñ Sūtag nach dem Ostertag
Jarlich zaigt werden: dem nach: dem alten puchl vil stuck
die erst her zwo kumē vnd in pesser Form pracht worden ab
gen aigentlich verzaichnet. Anno Domini. 1 5 1 4

Vermerkent merung: besserüg: vnd zu‐ nemung diſs wirdigenn heyltumbs.

Jernach ſeyen aigentlich verzaichnet die ſtuck ſo in den al‐ ten heyltumbpuechlin abgeen vnd erſt hertzue kömen auch etliche alten ſtuck in ander form auff ſueſſel gericht ſein wor‐ den von dem 1502 Jarn/piſs auff 1514 Jarn/die von her Matheus bewpperger abermals auff ſein coſten vnd dar‐ legen/zw Ern dem hochwurdigen heyltumb auff ain new‐s ab conterfayt ben vnd trucken hat laſſen/dartzw ain yetlichs ſtuck mit dem a.b.c. In welbe proceſſion es gehort albie/vnd vor im puechl aigentlich ge‐ merckt vnd verzaichnet an welbe ſtat wo ſy abgeend vnd hingehörn wirt man alles in diſem platel vinden nach der Regiſtratur des.a.b.c.

In der erſt proceſs. a. b.

a
In der erſten proceſs das Erſt ain ſilberin vergult Stuckh diſs Jar auff ein new‐s gbefaſt vnd auff ain ſueſs gemacht dar in ain mercklich ſtuck vō dem heyligē Crewtz ein gefaſt vnd wol getziert mit vil kostlichen edlem geſtain.

b
In der erſten pro‐ ceſs das 39 Stuck ain Silberein ver‐ gulot crewtz darin von dem heyligen Crwtz vnd ander heyltung.

In der ander proceſs. c. d. e. f. g.

c
In der Annder proceſs das 8 ſtuck ain guldin plenary darin von dem hailtumb des pluetigē Swaiſs chriſti diſs ſtuck iſt auff ain ſueſs gemacht worden.

d
In der and das 9 ſtuck ain guldein plenary iſt auch auff ain ſueſs ghe‐ macht wordenn/ darin das hailtumb von der beſcheidung Chriſti.

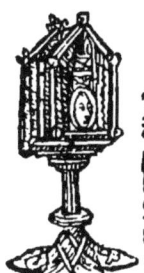

e

In der andern proceß das
18 stuck ain lantzn So
ain Jud in ain Crucifix
gestochē hat gesprengt
wunderlich mit pluett/
dise lantze ist auch auff
ain fueß gemacht word.

f

In der andern proceß das
25 stuck In ainem sil-
berin pildt Sant doro-
thee Darin vonn dein
schlayer Marie der xi.
tausent mayot der xcbc
tausent martrer sant Jo-
hanns gots tawfers a-
chacij katherie vnd sain
andrem heiltumb.

g

In der andern proceß das 26 stuck vnd das
letz stuck dyser proceß in ainem silberein ain
tail vergultn musträtzl darin mit den zaychē
der siben Schmertzen darin von dem grab
Marie vnd Sant dorothee heyltumb.

In der funfft proceß. h. i. k. l.

h i

In der funfft
proceß das 15
vnd das 16
stuck silberen
vnd vergult
czway pildot
Cosme vnnd
domiani mit
irem heiltūb

k

In der funfftē pro-
ceß das 25 stuck in
ainer silbern mon-
strantz etwas ver-
gult geschicklot als
ain pacifical daraus
ain schone coralen
zeichē mit vil zing-
ken darin von sant
eustachy vnnd mit
mer beyltumb.

l

In der funfften proceß das 26 stuck in einem silbern wolgezierten bochen mōstrantzl darin Sāt acbacy kew vnd ripp

In der sext proceß. m. n. o. p. q.

m

In der Sexten proceß das 20 stuck sant Jorgen Spies der ist auff ein fueß gemacht word

n

In der Sexten proceß das 22 stuck die lantzn Sant moritzn ist auch auff ain fueß gemacht wordenn.

o

In der Sextē pceß das 26 stuck ain silbern vergults pilo sant Steffans darin von dem stain da mit sāt Steffan bstaint ist wordē von sant Jorgen arm sant Theodori sant georg bruoder sāt desidery ainns bischoff vnd martrer sāt georgi Ritter vnnd martrer.

p

In der Sextē pceß das 27 stuck ain silbern vergults pilo sant Lorētzn darin heiltūb sācti modesti saturnini martyrū vnd vō der legion thebeoz von dem bischoff stuel sant leodogary darauff er sas die weyl das liecht von hymel vber In erschain.

q

In der Sexten proceß das 28 stuck In einer Indischen nus mit siber gezieret darauff Adā vnd Eua darinnen lār Dionisy vnd valentini martyrū heyltuumb

Jn der Sibentñ proceß. r.ſ.t.v.

r

Jn der Sibentñ proceß das 33 ſtuck ain ſilbereins ſaſs Ulrichs pild darin beyltumb ſandt Ottonis ſandt Frederichs epiſcopotum des heyligē ſant Sigmūds Werinerīs Werculiani der martrer.

ſ

Jn der Sibenten pceß das 34 ſtuck ain hoher vergulter ſchoner kopff darin das heiltrūb ſant Hieronimi Leonbardi vnd ſant Valentini der peychtiger mit mer an der beyltumb.

t

Jn der Sibentñ pceß das 35 ſtuck ain ſilbrein hocher pecher wol geziert darauf ſant Marteins pild auff ainem Ros darin von dem hawptſat mertein mit mer ſeinem heiltüb Jtē võ dem pluet ſant Johãs baptiſte vnd dem grab ſcti Johannis Euangeliſte.

v

Jn der Sibentñ pceß das 36 ſtuck vñ das letz in einem ſilbrein ſant Wolfgãg plid das heyltumb ſant Leopold marggraff vnnd mer an der heyltumb.

Jn der Acht vnd letz proceß. x

r

Jn der Achtiſten proceß das 37 ſtuck vnd das letz in diſer proceß Jn ainer ſchoenn ſilbrein mōſtrantzen etwas vergult darin ain pis aus der achſſ ſãcte katherine.

Deo gr̃as.